高校图书馆信息化的
建设与创新研究

轩 红 著

中国原子能出版社

图书在版编目(CIP)数据

高校图书馆信息化的建设与创新研究／轩红著. --
北京：中国原子能出版社，2019.12（2021.9重印）
ISBN 978-7-5221-0309-9

Ⅰ.①高… Ⅱ.①轩… Ⅲ.①院校图书馆-信息化建
设-研究 Ⅳ.①G258.6

中国版本图书馆 CIP 数据核字(2019)第 276477 号

高校图书馆信息化的建设与创新研究

出版发行：中国原子能出版社(北京市海淀区阜成路 43 号　100048)
责任编辑：张书玉
装帧设计：王国会
责任校对：冯莲凤
责任印刷：潘玉玲
印　　刷：三河市南阳印刷有限公司
经　　销：全国新华书店
开　　本：787×1092　1/16
印　　张：8.75　　　　　　　　　　**字　数**：165 千字
版　　次：2019 年 12 月第 1 版　　　　2021年9月第2次印刷
书　　号：ISBN 978-7-5221-0309-9　　**定　价**：60.00 元

网址：http://www.aep.com.cn　　　E-mail：atomep123@126.com
发行电话：010-68452845

前　言

　　高校图书馆作为我国高等院校教学、科研的三大支柱之一，担负着为教学、科研提供文献信息保障的重任，是文献收集、管理、服务的三位一体中心，也是学校信息化和社会信息化的重要组成部分。21世纪是个创新的世纪，知识经济的崛起以及信息资源网络化的迅速发展，给我国各行各业带来了新的发展。在这种新的形势下，图书馆的服务环境、资源类型、用户群体等都发生了很大的变化，使现有的信息服务面临着严峻挑战。传统的图书馆的服务是基于现实馆藏的服务，具有很大的局限性。图书馆网络化的发展，突破了读者进入图书馆的空间限制，读者可以不必亲临图书馆即可享受图书馆服务。图书馆的服务对象的分布也因此突破了地域限制和时间限制。图书馆的服务功能随之进一步扩展。网络环境下的图书馆服务的基础发生根本性的变化，由基于现实馆藏的服务拓展为基于全球信息、资源的读者服务。图书馆服务方式发生极大变化，出现了远程服务、全天候服务、多维服务等服务方式。信息服务是图书馆的生命线，信息服务的创新也是图书馆发展的关键所在。

　　随着信息技术的发展和知识更新速度的加快，社会对信息的需求不断增强，而高校图书馆在资源、环境、人才、技术等方面具有得天独厚的优势，社会对高校图书馆对外开放的呼声也越来越高。经济学家于光远曾这样来看待图书馆的发展：图书馆本身就是人类历史发展到一定阶段的产物，它随着时代的发展而发展。由此可见，高校图书馆开展开放式服务是社会发展的需要，也是高校图书馆发展的必然趋势。

　　本书在撰写的过程中，参阅了大量相关资料和文献，同时为了保证论述的全面性与合理性，引用了一些专家、学者的观点，在此谨表示最诚挚的谢意。由于作者水平有限，书中不免存在遗漏之处，恳请广大读者不吝指正。

目　录

第一章 信息基础概述

第一节 信息

"信息"自古有之,"知己知彼,百战不殆"就是中国人早期信息意识的反映。现在,我们每天都与信息打交道,每时每刻都在使用"信息"这个词汇进行交往。信息已经深入到社会生活的各个方面、各个行业、各个地区。可以说,信息与我们的衣食住行密切相关。如"看看天气预报明天多少度?"这是一个人人都可能用到的"气象信息",根据它就可以为自己的行动做些必要的思想准备和物质准备;或要知道"××次航班几点起飞?"掌握了这一"交通信息"便可以准确地确定动身计划;或问"最近鸡蛋多少钱一斤?"知道了这一"市场信息"便能购买时带上足够的钱免得往回返一趟。由此可见,我们时时刻刻都需要信息并都被各种信息所包围。

那么什么是信息?目前人们对此仍众说纷纭,莫衷一是。半个多世纪以来,科学界也一直在对信息的定义进行积极的探讨。

一、国内外对信息的定义

人们对"信息"有着各种各样的认识。据不完全统计,目前关于信息的说法已超过一百种。商务印书馆出版的《现代汉语词典》里对信息的解释是这样的:"①音信;消息。②信息论中指用符号传送的报道,报道的内容是接收符号者预先不知道的。"《辞海》中的解释是:"信息是指对消息接收者来说预先不知道的报道。如广播天气预报时,收听者预先不知道明天是阴、雨或晴,则这报道对收听者来说具有信息。假如所广播的是已知的昨天天气,那就没有信息了";而据《牛津字典》中解释:"信息就是谈论的事情、新闻和知识";《韦氏字典》中解释:"信息就是观察或研究过程中获得的数据、新闻和知识";日语《广辞苑》中解释:"信息就是所观察事物的知识"。

由此可见,在这些解释里,大多都把信息定义为"未知的消息"。

(一)国外对信息的定义

由于现代信息技术的飞速发展及其对人类的深刻影响,信息工作者和相关领域的研究人员才开始探讨信息的准确含义,其中不乏精彩的论述。例如:哈特莱在《贝尔系统电话杂志》上发表的《信息传播》(Transmission Information)论文中,认为"信息是指有新内容、新知识的消息";信息论的创始人美国科学家克劳特·申农在《贝尔系统电话杂志》上发表的《通信的数学理论》一文中,把"信息"解释为"两次不定性之差",即通信的意义在于消除某种不定性。该论文成为信息论诞生的标志。不久,信息的另一位创始人美国科学家诺伯特·维纳也发表了《时间序列的内插、外推和平滑化》的论文和《控制论》的专著,指出"信息量是一个可看作概率的量的对数的负数,实质上就是负熵"。由意大利学者朗高出版的《信息论:新的趋势与未决问题》一书中指出,信息是反映事物的形成、关系和差别的东西,它包含在事物的差异之中,而不在事物本身。

其中,具有代表性的人物是克劳特·申农。他的理论主要表现在两个方面:"一个是推导出了信息测度的数学公式,标志着信息科学进入了定量研究阶段;另外一个是发现了信息编码的"三大定理",为现代通信技术的发展奠定了理论基础"。克劳特·申农的贡献在于用概率熵(负熵原理)描述通信信号波形的复制,建立相应的信息的度量,进而建立信息论的第一、第二和第三编码定理,提示了信息在通信系统中有效和可靠传输的基本规律。但其局限性也在于此,只研究信息信号波形的复制,舍去了信息的内容和信息的价值,而信息内容和信息价值是远比通信更复杂的信息活动(如推理、思维和决策)中最重要的因素。在通信以外的许多场合,信息不一定符合概率统计规律。

美国学者巴克兰德认为,许多事物都可以是信息,文本固然是信息,图片、录音磁场带、博物馆陈列品、自然物体、实验、事件等也是信息。

(二)国内对信息的定义

国内代表人物钟义信教授的"全信息理论"观点目前得到了业内人士的接受和认可,很值得借鉴与参考。所谓全信息理论即研究全信息的本质、全信息的度量方法以及全信息的运动(变换)规律的理论。该理论引入主观因素、非形式化的因素和模糊、混沌因素,重视主观与客观相互作用、非形式化和形式化有效结合,强调用新的科学观、新的方法论和新的数学工具研究信息的本质。钟义信教授认为,信息不同于消息,也不同于信号、数据、情报和知识。钟教授对信息是这样论述的:"信息是事物运动的状态和(状态改变的)方式"。所谓"事物"包括客观存在的物质世界和精神世界的任一组成部分。包括外部世界的物质客体,也包括主观世界的精神现象;任何事物都是在运动中,包括从最简单的机械运动到社会发展和人的思维活动,也都是在发展变化之中,只不过运动的方式有别或运动的速度不同而已。"运动方式"是表征不同事物运动之间的区别,准确一些,即是指事物的运动在时间上所呈现的过程和规律。"运动状态"则是指事物的运动在空间上所表现出的形状和势态。从本质上说,事物的运动都可归结为事物内部结构的运动和事物与其外部世界相互作用(联系)的运动,因此,也可以表述为:"信息是事物内部结构和外部联系运动的状态和方式"。

这一表述是符合辩证唯物主义的。因为辩证唯物主义的根本观点就是认为事物在矛盾中不断地运动(发展、变化、转换),不论在自然界、人类社会和人们的思维中都是如此。而这一表述正是从这一根本点出发的。这一表述也是符合实际、符合人的认识规律,并具有最广泛的涵盖面。对于物质世界,人类在探索其属性或表现形态的认识过程是由浅入深的。很久以前,人类就认识到物质世界具有"物质"的属性或表现形态,即物质世界的任一事物都具有形状、体积、重量等特征,这是看得见摸得着的,是对物质世界的属性或表现形态最浅层次的认识。随着生产的发展和科学技术的进步,在从以机械化为特征到以电气化为特征的两次技术革命之间,由于能量及其转换的应用日渐广泛,人类发现物质世界除了"物质"之外,还具有"能量"这一属性或表现形态。能量不像物质,是当时人类用肉眼看不见用手摸不着的,只能通过物体的做功(能量是物体做功的本领)表现出来,人类的认识至此又深化了一步。

以自动化、信息化为特征的新技术革命又把人类的认识引导到一个更深的层次,即除物质和能量之外,物质世界的属性或表现形态还有"信息",信息所反映的是物质世界运动的状态和方式。这是一个更为深入的层次。由于物质世界的任何事物都是在矛盾中运动的,信息和物质、能量一样,也是物质世界最普遍的属性或表现形态。

然而信息和物质、能量不同,信息并不局限于物质世界领域。精神世界的一切事物,同样是在矛盾中运动着的,它们同样有着运动的状态和方式,同样也产生着信息,或者说通过信息来反映它们的运动状态和方式。因此,上述这一对信息的表述具有最广泛的涵盖面。

由于信息涉及物质世界和精神世界的一切事物,而事物的矛盾运动既有其普遍性和绝对性,又具有各自的特殊性和相对性,呈现出千姿百态,因而信息的内涵和表现形式是极其复杂和丰富的,因此人类从不同角度来理解而得到有关信息的不同说法,体现出信息概念的多样性。但"信息是事物运动的状态和(状态改变的)方式"是目前最具普遍性和本质的提法,许多其他的表述都属于它的某一或某些侧面,是它的一个子集。同时,如果把这一本质的、最高层次的表述叫作"本体论",则可以对其加上约束条件,而能得到低于本体论的不同层次的信息表述,形成一个分层的概念系统。

综上所述,对于信息,我们可以简单地用一句话来概括地表达,即信息是事物的属性,是事物间相互作用所蕴含的关于事物运动状态和方式。它是在事物间相互作用的基础上构成的事物联系的中介。

二、信息的特征

众所周知,物质在使用中是消耗的,能量就其个体而言在使用中也是消耗的,但是就其整体而言则是恒定的。而信息在其传递和使用过程中却具有自己的特性,即随着时间而流失,信息价值由于重复使用和自身老化可能失值,也可能随着重复使用和再加工而产生信息增值。因此信息作为一种资源,从形式上看,信息量的大小是可以测量的;从内容和价值上看,信息是可以评估选择的,并根据其内容和价值做出恰当的判断和决策。从不同的角度对信息进行划分,可产生不同的类型,所以信息具有以下区别于其他事物的本质特征。

(一)普遍性与客观性

由于信息是事物存在的方式和运动状态的反映,所以信息具有普遍性。运动着的事物在世界任何地方无时无刻不在生成信息。事物只要存在,只要在运动,信息就存在。信息无所不在,物质的普遍性以及物质运动的规律性决定了信息的普遍存在性。信息的存在是客观的,因为客观世界的一切事物都在不断地运动变化着,并表现出不同的特征和差异。这些特征变化就是客观实在,并通过各种各样的信息反映出来。

(二)无限性与相对性

生物界中的信息交流早在人类社会以前就被证明已经存在。无论是宏观还是微观,在各个领域和层次,都存在着信息的产生、交流和不断消逝的现象。由于客观事物都在不停地运动变化,所以信息也随之不断更新。这就要求我们在获取或利用信息时必须树立时效观念,不能一劳永逸。

客观上信息是无限的,但是人们获得的信息却是有限的,这就是相对性。尽管在社会发展的某一阶段内,由于人类认知领域的有限性,使得信息获得是有限的,但并不能由此否认信息资源的无限性。此外,由于每个人的感受能力、理解能力的不同以及不同的目的性,各自得到的信息量也有所差异。

(三)共享性和时效性

信息区别于物质的一个重要特征是它可以被信源与众多的信宿共同占有,可以被众多用户所共享,即共享性。共享性又称为非消耗性,即信息在一定的时间内可以多次、被多方面的用户所使用,而本身并不消耗。人是信息的所有者,传播给别人后自己仍然拥有。我们知道,不论任何发明创造,都要花费很长的时间和物力、财力,而且还要经历曲折和失败,最后才能获得成功。但是,取得的成果别人只要很短的时间内就可以学习吸收,并转化成为自己的知识。所以充分利用别人的成果是发展自己的最经济的有效办法,也是通向成功的捷径。

此外,信息还具有较强的时效性。这是因为客观事物总是不断地发展变化,因而信息也会发展变化,如果信息不能适时地反映事物存在的方式和运动状态,那么这一信息就失去其效用。在现代信息社会里,人类要依据信息的共享性及时效性这一特征来开发利用信息资源,就有可能在其内容及范围上实现共享,使信息最大限度地造福于人类。但是任何事物总有其两面性,由于信息具有时效性,因而,又常常制约着其共享的范围。

(四)真实性和目的性

这是信息的最基本特征之一。真实性也是信息的中心价值所在,不符合事实的信息不仅没有价值,而且会导致决策的失误,造成经济的损失。尤其是在经济管理活动中,信息的真实性显得更加重要。经济信息是管理与控制企业生产经营活动的基础,必须尊重经济活动的客观规律,从实际情况出发,如实地反映生产经营的运行情况,才能使企业发展壮大。有一位世界著名的科学家曾指出:"输入的是垃圾,输出的就更是垃圾"。这从一个方面说明了信息真实性的重要。

（五）扩散性和传输性

信息的扩散性是其本性,它就好像热源总是力图向温度低的地方扩散一样,信息也力图通过各种渠道和手段向四面八方传播。信息的浓度、信息源和与接收者的梯度是和信息的扩散力度成正比的,即信息的浓度越大,信息源与接收者的梯度越大,则信息的扩散力度就越强,反之信息的扩散力度就越弱。信息的扩散一方面有利于知识的传播;另一方面又可能造成信息的贬值,不利于保密工作,不利于保护信息所有者的积极性(如盗版软件、光盘等)。所以,我们在鼓励加快信息传播的同时,还应该制定和完善有关的法律制度(如《保密法》《专利法》《出版法》等),从宏观上控制信息的非法扩散。

另外,信息是可以传输的,它可以利用电话、电报等进行国际国内通讯,也可以通过光缆卫星、计算机网络等将信息传遍全球。信息传输的形式包括数字、文本、图形、图像和声音等。

三、信息的种类

信息的种类很多,按照不同的分类标准,有不同的种类。

（一）按信息的发生领域划分

按照信息的发生领域分类,信息可以分为自然信息和社会信息。

1. 自然信息和社会信息的概念

（1）自然信息:指自然界中的各种信息以及人类所赖以生存与生产的物质所产生的信息,包括生命信息(如:各类动物之间传递的语言、遗传基因的生物信息)、非生命的物质存在与运动信息(如:天气变化、地壳运动、宇宙演变等的物理信息)、非生命物质与生命物质之间的作用信息等。

（2）社会信息:指人类各种活动产生、传递与利用的信息,包括人与人的作用信息、人与机的作用信息等。由于人类的一切活动均在一定社会条件下展开,因此由各种人类活动所引发的信息皆属于社会信息的范畴。包括经济信息、科技信息、政治信息、军事信息、文化信息等。

2. 自然信息与社会信息的区别

人类的各种活动需要通过社会进行组织协调,而反映这些活动的社会信息是实施社会控制和开展各种业务活动的中介。因此,社会信息在人类社会中具有关键作用。从另一方面看,只要有社会活动,就必然有社会信息的存在。在社会发展中,社会信息活动是人类自身创造、发展的表象,是表达与完成思维活动所必须具备的前提条件,是构成社会的一种基本要素。

　　人类对自然信息发掘的成果是反映自然现象及其规律的认识和知识信息,而认识与知识信息作为一种社会中科学研究与开发产物,广泛应用于社会的各个方面。这说明,只有通过人类的科学研究,自然信息才有可能转化为社会知识信息。社会信息来源的另一方面是人类生活、生产、产品交换、战争、文化等活动中的各种交往和相互作用。这些信息不仅全面体现了人类社会状况和各种活动,而且是组织社会的政治、经济、科技、文化、军事等活动的一个基本条件。

(二)按信息的表现形式划分

　　按信息的表现形式分,信息可以分为消息、资料和知识。

　　1.消息。是关于客观事物发展变化情况的最新报道。因为消息记述的是动态的、当前的事物,不是过去的,也不是未来的。所以消息生存期短暂,不能积累存储,除一部分转化为资料存留外,多数自然泯灭。此类信息主要用于了解情况,帮助决策。

　　2.资料。是客观事物的静态描述与社会现象的原始记录。因为资料是客观事实的真实记载,不是人们的发明创造,没有假说,没有定义,没有理论。所以资料生存期久远,主要用作论证的依据。

　　3.知识。是人类社会实践经验的总结,或发现、发明和创造的成果。因为知识具有普遍意义,人们通过学习创造掌握了知识,就可以提高才干更有效地进行各种活动。所以通过学习、掌握、运用这些知识,可以更有效地开展各项社会活动。

(三)按人的认识层次划分

　　按人的认识层次划分,信息可以为语法信息、语义信息和语用信息。

　　1.语法信息。指能使人感知事物的存在方式和运动状态的信息。此类信息只表现事物现象,不揭示变化的内涵及其含义。它是信息认识过程的第一个层次。语法信息在传递和处理过程中永不增值,相反,由于噪声干扰或处理中的误差,还可能减少。

　　2.语义信息。指能使人领会事物存在方式和运动状态逻辑含义的信息。此类信息不仅反映事物运动变化的状态,而且揭示其意义。它是信息认识过程的第二个层次。

3.语用信息。表述的事物存在方式和运动状态,给人以明确的目的效应,突出"用"的效果。这是信息认识过程的最高层次。

总之,信息的种类繁多,除上所述,信息还可细分,例如,还可以分为自然信息、机器信息和社会信息;按信息的内容划分,还可分为经济信息、科技信息、政治信息、文化信息和政策法规信息;按信息的来源划分,还可分为内部信息和外部信息(组织内部、外部);按信息的传递方向划分,可分为纵向信息、横向信息和网状信息等,这里,对这些分类就不再一一赘述。

四、信息的功能

信息的功能是信息属性的体现,其功能可分为两个层次:信息的基本功能和信息的社会功能。

(一)信息的基本功能

信息的基本功能主要表现为信息的认识功能。它是辩证唯物主义认识论的基础,是揭示客观世界发展规律的重要途径。

1.信息具有资源功能

人类社会的每次飞跃都与信息密切相关,人们是通过对客观世界各种信息的接受、处理、吸收并不断地利用和"物化",促进社会的持续发展。目前,信息处理由于采用了先进的计算机技术和通信技术,接受能力、传播能力、处理能力都得到了很大提高,加速了信息的开发与利用,从而推动了社会的发展和进步。

2.信息具有中介功能

信息的中介作用表现在人与客观事物以及人与人之间。人与客观事物之间是一种认识与被认识的关系,人对客观事物的认识是以信息的存在为条件的。在人与人之间的交流活动中,信息是沟通的桥梁和纽带。

3.信息具有管理功能

从管理角度讲,管理系统就是一个信息的输入、处理、输出与信息反馈系统,在这个系统运作过程中,每个环节都必须以信息为依据,也必须以信息作为相互联系的条件。没有信息,就没有管理的基础。

(二)信息的社会功能

信息的社会功能可以从自然信息与社会信息两个方面来论述。

1. 自然信息的社会功能

（1）自然信息反映了物质世界的运动及其属性：

它是对人的客观刺激（引起人的感觉），是人类认识物质世界的先决条件；信息源于物质的运动，早在生命现象出现之前，自然界中无机物之间、无机物及其周围环境之间就存在着相互作用，存在着运动、变化的过程，因而存在着信息的运动过程。由于无机物不能利用信息而只能被动地接受信息，只有有机物才能利用信息使自身发展通过进化不断向更高层次的有序态势发展。

（2）自然信息是人类发掘自然物质资源的中介：

通过自然信息资源的获取与处理，人类发现、开发、利用自然资源；信息如同一座桥梁，其作用在于实现人类与自然界的沟通。人类通过自己的感觉器官从物质世界中感知和提取信息，然后通过大脑的加工，以信息输出的形式作用与物质世界而达到改造的目的，信息始终是这个过程的中介和替代物。

此外，自然信息作用于人类，必然导致人类自然科学知识的产生，从而形成反映这些知识的社会信息（情报）。

2. 社会信息的社会功能包括

①社会信息是联系社会各部分、组织和成员的纽带，是维护社会联系和关系的"黏合剂"。

②社会信息是人类各种社会活动和行为的体现，集中反映了人类社会的状况和内部机制，因而是衡量社会经济、科技、文化发展的标志。

③社会信息是人类社会的财富，是社会运行和发展的支柱之一，可以为全人类共享。

④社会信息具有对人类思维的推动作用，是人类从事各种社会活动的媒介，借助于信息活动，人类的各种社会职业活动得以实现。

⑤社会信息伴随着人们的各种活动而产生，因而是确认人们科技、生产、文化、军事等活动的依据，如反映某一科技成果的科技信息，是确认某一社会成员某项科学发现或技术发明优先权的依据。

⑥社会信息具有对人类行为的作用功能，借助于信息，人们进行各种决策，用以指导行为和实现某一目标。

⑦社会信息具有满足人类生存需求、安全需求、文化需求、工作需求等多方面需求的沟通功能和特殊作用，是人们维持心理活动的不可少的因素。⑧社会信息具有流通与社会控制功能，只有通过社会信息的流通才可能传输社会管理与控制指令，从而控制社会运行状况和社会组织、成员活动。

五、信息的本质属性

从上述这些对信息的描述中,我们给予"信息"这个含义极其广泛的基本概念三个本质属性:

1. 信息应具备物质所特有的"介质"属性

信息作为物质所拥有的"介质属性"的第一特征,这是它与"物质"概念纠缠不休的主要原因,也是人们难以对它进行高度理论概括的难点之一。人们想象它与物质有关,与传递过程的能量有关,也与意识有关,可是,它既不能简单用"物质"概念概括,也不能用"能"的概念概括,更不能用"意识"的概念来概括。

2. 信息必须是被传递过程中的"介质"

只有在被传递过程中,介质才能名副其实地成为信息,成为物质运动过程中的一个"中间环节"。任何物质都有可能成为他物的"介质",也就是说,任何物质都具有被当作介质使用的属性,都有被利用为"介质属性"的可能。物与物之间的关系是这样,人与人之间的关系也是这样,人与物之间的关系还是这样。

3. 信息必须是能够实现对应链接条件的"介质运动"

信息,不在于人们对它认识上"是有用信息还是无用信息",也不在于哪些介质传递是主体(人类)的属性,哪些介质传递是客体的属性,而在于运动介质能不能对"他物"实现它的信息"条件"反应。凡是能够实现信息条件反应的介质,即使你一时无法识别、无法利用,它也是信息。

第二节 知识

信息是人和生物与客观世界联系的媒介。它是一种普遍的存在,存在于自然,存在于人类社会,也存在于人的思维领域。对于人类来说,信息是我们认识世界的基础和桥梁,又是我们改造世界的指南和向导。人通过感觉器官获取信息,其获取到的信息又通过信息传递器官(神经系统)送到人的大脑——信息处理器官。信息在人的大脑里引起兴奋,建立相应的感觉和印象,这就是感性认识。人脑的主要功能是思维。人脑思维的过程实际就是信息处理的过程,抓住了事物的本质和发展规律,把感性认识上升到理性认识,从而形成各种各样有用的知识。

一、知识的概念

如同信息一样,古往今来,人们对知识的理解也是仁者见仁,智者见智。《现代汉语词典》对知识的定义是:"人们在改造世界的实践中所获得的认识和经验的总和"。也有的人从知识与信息的关系入手对其加以定义,认为:"知识是信息的一部分","知识是对信息加工的产品"等。还有的对知识的定义是,知识是"人们在发现世界的实践中所获得的认识和经验的总结"。

知识是人类通过信息对自然界、人类社会及思维方式与运动规律的认识与概括,是人的大脑通过思维重新组合的系统化了的信息,是信息中最有价值的部分。信息是创造知识的原材料,知识是信息加工的抽象化产物。

知识是人类意识的产物,需要认知主体与认知客体并存而且发生动态关系时才能产生。知识与信息的产生不是同步的,而是人类社会发展到一定阶段,人们对大量积累起来的信息加以组合、有序化、系统化,发现并总结其一般规律形成的。从人类历史发展的角度去讲,所以信息都将有可能成为知识。

将知识作为人类理性认识的成果来看是可取的,然而,简单地将知识看作是信息的一部分,虽然看到了知识与信息的联系,却忽略了知识的内在特质。目前,之所以还存在信息与知识的差距,是因为人类的认识水平还有待提高,我们相信,随着社会的发展和科技的进步,人类获得的知识将会越来越多。

二、主观知识和客观知识

知识有主观知识和客观知识之分,即通常所说的隐性知识和显性知识。对于主观知识和客观知识,中外学者进行了大量的探讨和研究。

主观知识是存在于人脑之中的,它被某种载体记录下来,就成为打破时空的、可传递的客观知识。英国物理化学家和哲学家波兰尼在其代表作《个体知识》中首先提出了主观知识,即隐性知识(又称为默会认识或默会知识)的术语。在波兰尼的整个思想体系中,默会认识论居于核心的地位,也被公认为是他对哲学的最重要的贡献。

波兰尼认为:"人有两种类型的知识。通常称作知识的是以书面文字、图表和数学公式加以表达的知识,只是其中的一种类型。没有被表达的知识是另一种知识,比如我们在做某件事情的行动中所掌握的知识。"他把前者称为显性知识,而将后者称为隐性知识。"记住一个我们并不信服的数学证明不能给我们的数学知识增加任何东西",只有理解进而信服了数学证明,才能说掌握了数学知识。这种理解就是一种隐性知识。

被誉为 20 世纪最伟大的哲学家之一的英国哲学家波普尔早在《客观知识:一个进化论的研究》一书中,就提出了客观主义知识论,进而提出了著名的"世界三理论"。他认为,世界一是物质世界,世界二是精神世界,世界三是知识世界。

在野中郁次郎教授所著的《知识创新公司》中,列举了松下公司田中案例:田中以制作大阪最好的面包而出名的大阪国际饭店作为样板,研究了饭店首席面包师的揉制技术,在与项目工程师的合作下,提出了详细的产品说明书,成功地复制了面包师的揉制技术,并达到该饭店制作的面包的质量。该文认为:田中的创新表明了两种类型知识之间的转换,家用面包机详细的产品说明书是"显性"知识;显性知识是正式的、系统化的,它能够很容易地以产品说明书、科学公式或电脑软件的形式被交流和共享。面包师所掌握的知识是隐性知识,是高度个人化的,很难公式化,也难于交流,根植于行动和个人对具体背景的理解当中,表现为手艺或专业、一种特殊技术或工作团体的活动,包括存在于"专有技术"当中的不正式的、无法详细表达的技能。

金明律教授认为:隐性知识是指用文字、语言、图像等形式不易表达清楚的主观知识,它以个人、团队、组织的经验、印象、技术诀窍、组织文化、风俗等形式存在;显性知识是客观的、有形的知识,是像语言、文字等一样有一定存在形式,并且表现为产品外观、文件、数据库、说明书、公式和计算机程序等形式。

徐耀宗研究员认为:显性知识是指可以通过语言和文字方式进行传播、可以表达、可以确知、可以编码输入计算机的知识。这些知识可以十分容易地被记录下来,能够被详尽地论述,严格地定义,可形诸文字,写成消息报道、学术论文等文字的东西,或形成图书,或载于报刊,或存入数据库,CD 等之中。隐性知识是一种不易用语言表达、不易传播、不易确知、不易编码输入计算机的知识。

王方华教授认为:显性知识是指那些能够以证实的语言明确表达的,表达方式可以是书面陈述、数字表达、列举、手册、报告等。这种知识能够正式地、方便地在人们之间传递和交流。而隐性知识是建立在个人经验基础之上并涉及各种无形因素如个人信念、观点和价值观的知识,是高度个性化的,难以公式化和明晰化。隐性知识分为两类:一类是技术方面的隐性知识,包括非正式的难以表达的技能、技巧和诀窍;另一类是认识方面的隐性知识,包括心智模式、信念和价值观。

学者王克迪先生在推出的新作《赛伯空间之哲学研究》中,对波普尔的"世界三理论"进行了较深入的探讨,并结合近年来信息化、网络化、计算机化的实际,对"世界三理论"进行了修正,用"编码""文本"的概念限定"世界三理论"的有关表述,以计算机能够做出一些人脑做不出的发现为依据,提出赛伯空间和虚拟现实既不是单纯的"世界1",也不是单纯的"世界3",它们是一个动态过程的体现,是这两个世界相互作用的体现。深入研究"世界三理论"对于找出理解信息时代的理论平台,对于建立和完善知识理论体系,具有积极意义。

三、知识与信息的关系

知识与信息的关系,犹如产品与原料的关系,因此,这是两个不同的概念。从信息到知识,并不是一步完成的,而是经历了若干个中间层次。从信息方面来讲,它包括原始信息,也包括对原始信息进行一定的分析、综合等思维加工后得到的层次较高的信息;从知识方面来讲,它有两种不同的发展形态,一种是相对稳定的形态,一种是相对运动的形态。前一种形态的知识,是人类在认识发展到一定阶段上取得的成果,是系统化和优化了的知识。后一种形态的知识是从一种相对稳定形态的知识向另一更高层次的相对稳定形态的知识过渡过程中产生的新的、零散的、不成熟的知识。由于它具有突出的动态性特征,所以将它们划入"知识性信息"一类,作为知识性信息的主体可能更为合适。如果将知识限定为稳定、成熟形态两部分,那么,我们就可以说,上述知识性信息的主体部分是知识的更直接的来源。

第三节　情报

一、情报的定义

(一)情报定义概述

情报一词源于日本人森欧的译著《战争论》。它指"有关敌方或敌国的全部知识"。这一带有军事特征的情报定义完全符合了战争年代的背景和发展需要。

情报(intelligence)在英文中亦有智力、智慧的意思。通常所说的情报是秘密的、专门的、新颖的信息,如军事情报、国家安全情报、企业竞争情报等。美国中央情报局(Central Intelligence Agency,CIA)、竞争情报(competitive intelligence,CI)中的情报(intelligence)就是此意。由此可见,所谓"情报",就是与社会集团的竞争活动密切相关、被当作社会集团竞争手段的那部分信息和知识。其实"什么是情报"一直是情报学所争论的一个重要问题,可以说,情报学创立伊始,情报的定义就是一个争论不休的问题,伴随这一问题的提出,对信息知识的概念也提出质疑。

我们首先来看看现有的关于情报的定义。克劳特·申农对情报是这样描述的:"情报可以定义为在通信的任何可逆的重新编码或翻译中那些保持不变的东西"。B. C. 布鲁克斯则认为:"情报是使人原有的知识结构发生变化的那一小部分知识"。苏联的A. U. 米哈依洛夫等人认为:"情报是作为存储、传递和转换的对象的知识"。贝克说:"情报是在特定的时间、特定的状态下,对特定的人提供有用的知识"。N. 维纳认为:"情报就是情报,不是物质也不是能量"。"情报是(取得情报)之间和以后的或能答案数的关系函数"。"情报是传递(或运动、传播)中的知识"。"情报并非都是传递(或运动、传播)中的知识"。

这些定义包含了多少人艰苦的思维活动!但是尽管这样,情报的概念仍然一直是界定不清楚,这是指对情报的内涵和外延不清楚。这种不清楚表现在人们对情报概念的认识滞后于情报内涵和外延变化的实际情况。之所以这样说,是因为随着人类社会对情报需求内容及需求程度的发展变化,情报的概念已发生了巨大的变化。但无论外延怎样扩展,各专业情报的概念皆是在情报的内涵基础上演变与发展的。正是这种情报概念外延的变化,使得我们有必要在情报学学科建设中弄清"情报"的概念和各专业"情报"的概念,并在此基础上建立能反映各专业情报概念共性的概念——普通情报的概念。

(二)情报的属性

那么情报究竟是什么?

关于情报的定义,国内外学术界还没有定论的说法。但如果要寻找共同的认识,不难发现,情报有三个属性:"知识性、传递性和效用性"。

1. 情报的知识性

人们在生产和生活活动中,通过各种媒介手段(书刊、广播、会议、参观等),随时都在接收、传递和利用大量的感性和理性知识。这些知识中就包含着人们所需要的情报。情报的本质是知识,可以说,没有一定的知识内容,就不能成为情报。

2. 情报的传递性

情报的传递性是说知识要变成情报,还必须经过运动。著名科学家钱学森说情报是激活的知识,也是指情报的传递性。人的脑海中或任何文献上无论贮存或记载着多少丰富的知识,如果不进行传递交流,人们无法知道其是否存在,就不能成为情报。情报的传递性表明情报必须借助一定的物质形式才能传递和被利用。这种物质形式可以是声波、电波、印刷物或其他,其中最主要的是以印刷物等形式出现的文献。

3. 情报的效用性

运动着的知识也不都是情报,只有那些能满足特定要求的运动的知识才可称之为情报。例如,每天通过广播传递的大量信息,是典型的运动的知识。但对大多数人来说,这些广播内容只是消息,而只有少数人利用广播的内容增加了知识或解决了问题。这部分人可将其称之为情报。

二、情报的类型

从不同的角度,按照不同的标准,可以对情报做出不同的分类:

按情报的内容,可以分为政治情报、军事情报、科学情报、技术情报、经济情报、管理情报、生活情报等;按情报的加工程度,可以分为零次情报、一次情报、二次情报、三次情报等;按载体分,可以分为书面情报、口头情报、实物情报、声像情报、电子情报等。

通常,我们在进行情报分析和情报服务时,把情报分为以下三种类型。

1. 信息型情报

所谓信息型情报并不是说它是信息,它同时具有一定的知识属性,随着知识性的减弱,其性质更加靠近信息。比如市场动态、科技新闻、金融行情等。就信息型情报报道来看,如科技新闻,它的内容简短,潜在内容很多,可开发的内容以及所涉及的领域较广,对新科技的推广、了解和收集等有较大的作用,其时效性很强,实用价值较大。具体地说,只要专业、时间、区域对路,对促进科研、生产具有非常重大的意义。然而目前这类性质的情报不少情报机构并不收集和传递,而把它作为新闻的一种,由新闻单位收集和传播,不是作为信息。但从广义地看,它就是情报。这类情报可由情报机构收集对口整理加工,直至深入研究使之成为综合型情报以及最后形成知识。情报单位还可以通过灵活、快捷的方式如快报等及时给所有用户传递这类情报。这类情报的用户是长期的较固定的,因而不应忽视。它可能成为综合性情报的来源,甚至是知识的来源。信息情报是情报的基本形式。它的特点是简明扼要,传递快,知识内涵较少,针对性很强,实用价值很大。

从某种意义上讲,信息型情报就是所谓决策情报,其对决策领导部门意义相当重大。它是决策者与情报人员的一种日常情报,是实际开发工作的资料来源,它是特定条件下产生的,在此与知识性、信息性的强弱有关,同实用价值与情报的针对性有着较密切关系,如金融行情瞬间的起伏跌涨,并不是理论上能准确预测的。这些特例的积累可能发展或丰富旧的知识,为预测工作服务。例如,对老化的情报资源的开发,它只在适合的条件下生效。其时效可长可短,价值由实用性和开发深度决定。同时受众多客观因素的影响,我们并不能因其无常性,而视为无用,对其深入开发效益是巨大的。

2. 知识型情报

即科学文献,包括科技图书、科技期刊、技术报告、会议资料、专利资料、各种网络数据库等,具有长期保存价值,涉及的内容以及范围非常广,传递方式众多,是实用价值较高的一种情报。它拥有大量的知识单元,却不是完整的知识,因其理论的相对稳定性较差,科学性还不是非常准确。针对性不如其他情报,但普遍性较强。其主要内容往往涉及某一专业领域的系统知识,它是情报的重要组成部分。同时也是情报学研究的重点,情报工作的中心。

3. 综合型情报

即经过加工整理的情报,包括市场预测调查、企业报告、专题报告等,这种情报对一定的专业领域的知识需求有益。其信息量与知识量参半,它是在一定的信息基础上,进行加工使之系统化,它是情报的主体部分。综合型情报通过收集、调查等工作寻找规律,做出预测性情报报道。既是信息型情报的产物,也是知识型情报的基础。其效用价值在于用户需求和综合能力的大小。

三、信息、知识、情报三者的关系

关于信息、知识、情报三者的关系,众说纷纭。比较有代表性的有这样几种:

(一)情报属于知识属于信息

在信息、情报、知识三者之间关系上,在情报界几乎较多的人认为其逻辑关系是情报属于知识属于信息。这种观点认为信息是物质的一种普遍属性,是物质存在的方式和规律与特点,它是一个全集,是生物以及具有自动控制系统的机器。通过感觉器官和相应设备与外界进行交换的内容的名称。而知识是人类社会实践经验的总结,是人的主观世界对于客观世界的概括和入实反映。知识是人们在认识最高层次上形成的结果,具有高度的抽象概括性、系统性、可靠性、科学性。情报是知识的一个组成部分,是传递中的知识,知识性是情报的基本属性之一,情报是随知识的产生而出现的。

然而,这三者间关系在理论以及实践中并未能全面地解释清楚。情报中的一些现象最典型的是情报在具有知识特性的同时,还具有信息特性,这两种特性有时明显地表现为信息,有时则表现为知识,其强弱程度不一致,即所谓双重性现象。再者,情报介于主观与客观之间,其主观内容与客观内容深浅度不同,这种中介性使它包含着知识的观念也受到冲击。

(二)知识与情报相交且同属于信息

这种观点与上述观点对信息和知识的概念基本一致,区别主要体现在知识与情报的关系上。前一种观点认为情报是知识的一部分,是进入人类社会交流系统的运动着的知识。而这种观点认为情报不一定是知识,因为情报的传递性不限于传递内容,它既可传递知识,也可传递信息,其最终目的是效用。在内容上不可排除知识性,在传递中有时它却是信息(一时一地的变化过程,并无系统可言,犹如商情变化),信息不可能不经加工传递而成为知识,知识是成熟的信息内容。这种观点认为情报在很大程度上属于低层次的认识结果,知识是高层次上的认识结果,情报在一定条件下可以包括全部的知识,而知识不能包括全部的情报。情报是从用户来讲的概念,知识充其量是从情报源来讲的概念。从用户角度来讲,情报是未知的,知识是已知的。先有情报,后有知识。情报是形成知识的源泉和材料,知识是情报造成的结果,情报与知识是整体与部分的关系。

(三)信息、知识、情报相互交叉

这种观点认为信息是客观存在的事实,情报是经过人体处理过的信息,包括主观因素。有些情报是科学的,反映客观实际;有些情报是非科学的,是通过人的思维创造加工出来的。知识与情报也是相交关系,有些知识是客观存在的正确反映(客观知识),有些知识是人们通过思维创造臆想出来的(主观知识)。信息、知识、情报三者相互交叉,组成了复杂的相交关系。

从长期的工作时间经验中所总结的信息、情报、知识三者之间的关系,是解决情报工作停滞不前的突破口。因此,与之关系较大的图书馆学、情报学等学科也会由此得到启发和帮助,它会使情报学等一些新学科尽早引起人们的重视。

四、信息、知识、情报三者的区别与联系

(一)区别

信息由自然信息和社会信息组成。情报是传递交流的社会信息部分,包括人们的工作和思维活动。知识则是人的大脑通过思维对信息或情报进行系统化组合而形成的,主要由大脑的思维活动组成的,它既可直接接受信息,又能通过总结交流的知识信息形成。在这个由信息到情报再到知识的过程和信息直接到知识的过程中,主要是通过人的活动、人的大脑加工所得。在正负交流中增加了情报人员的工作,是较完善的情报活动;非正式交流则由用户之间直接交流。在两者交流中,各有利弊,正式交流更有利于知识的形成。

(二)联系

情报工作就是对信息组织管理并使之系统化,并参加交流以及根据用户需求对情报加工使之具有针对性,其实用价值由用户证明,同时反馈新信息,由证明后的情报来丰富知识。因此,知识也可能不属于情报而直接属于信息,这是由于知识的特性所决定的,它包括感性认识的知识和理性认识的知识。

情报用户是知识的获得者,情报加工、传递是情报的中心,知识是信息加工、交流传递的结果,是不断丰富的经验和理论。情报是这一循环系统的中心环节,在此过程中,信息经过几次积累成为系统知识(即情报积累、知识积累)。这一现象说明了情报的双重性的存在,在本质上这二次积累有较大区别,前者是经过加工后的积累,后者是积累后加工了的,完成了质的飞跃的信息。后者离不开前者,前者也必然发展成后者。人类知识的丰富完全是由情报积累和知识的继承取得的,它们的关系较密切。检验情报、信息、知识间关系的标准就是实践,通过实践检验其科学性,才能去伪存真。

情报的内容比较广泛,不仅包含现有知识,还包含新的理论知识(假说、构想等)。知识是人类通过信息对自然界、人类社会以及思维方式与运动规律的认识和掌握,是实践活动的总结;情报则是对某种客观事实的描述以及在此基础上的逻辑推演的知识化过程。我们不能简单地说情报是知识或信息,而应强调双重性。知识是静态的,可以存储,且信息储存量大,通过一些较固定载体存在的。信息是动态的,它涉及事物变化的全过程。在科研等实际工作中所需求的情报是最新的

动态资料,既不能是固定的旧观念,也不能是变化无常的信息,那么只有选择具有综合能力的情报这种工具。不管是信息还是知识,只要需要,我们都应该加工传递,使之具有较大价值和效用。

就传递速度而言,信息最快,其次是情报,知识最慢。而且,用户范围也不相同,信息几乎人人都接受,情报则是部分有需求的人接受,知识只有愿意学习的人才会获得。获得途径各不相同,信息可随时获得,知识的获得必须学习或亲身经历,通过理解全部内涵,融会贯通,情报则是查找有关资料,了解动态,至于较全面的情报就须平常注意收集积累和学习,但它并不需要形成一种观念,对未来的科学研究以及工作影响不大,情报的获得则是一个传递与接受的过程,它给用户以最新的世界动态,帮助用户解决某一方面的实际问题,在此起着指导作用。但解决问题还需一定的知识基础。情报获得的途径很多,特别是交流中的非正式过程,知识则只有通过学习和实践。它们对信息的处理、传递接受方式方法不尽相似。在传递中同时具有信息性、知识性的是情报,它们之间关系表现为基础知识愈强,则情报获得也愈多。反之,则情报获得范围窄,内容浅。总之,情报是信息形成知识过程中的工具。

第四节　信息资源

一、信息资源的概念

(一)从"信息"与"资源"角度来定义

信息资源是"信息"和"资源"这两个概念整合衍生出来的一个新概念。《现代汉语词典》对"资源"所下的定义是指"生产资料或生活资料的天然来源"。从一般意义来说,资源是指自然界和人类社会生活中一种可以用以创造物质财富和精神财富的具有一定量的积累的客观存在形态。

与信息的定义一样,信息资源(information resources)的定义目前仍是众说纷纭,其核心是对"信息""资源"两词的理解及对两词语法结构的理解(是偏正结构,还是并列结构,何为中心词)不同,是信息化的资源,还是资源化的信息,还是资源仅为同位语,可有可无?按照目前比较的观点,信息与信息资源可视为同义语。在英文中,"资源"一词为单数"resource"实则是指信息本身。但在有些场合,尤其是两词同时出现并且需要严格辨异时,两者还是有区别的。信息是普遍存在的,但并非所有的信息都是信息资源,只有经过人类加工、可被利用的信息才可称为信息资源。在英文中,"资源"一词为复数"resources"时,常指信息及信息有关的设备、人员等的集合体。我们认为,信息资源是人类存储于载体(包括人脑)上的已知或未知的可供直接或间接开发和利用的信息集合。它包括:未经加工的原始信息资源或称为"生信息资源"、潜在信息资源;经过主体感知和加工的信息资源或称为"熟信息资源"或现实信息资源。对于不同的主体而言,"生""熟"的程度具有相对性。信息中的载体信息和主体信息是信息资源的最基本的组成部分。

(二)从"资源"角度来定义

《辞海》释"资源"为:"资财的来源。一般指天然的财源。"这一释义首先表明,资源一词源于经济学范畴;其次,就其对象的本体论意义,一者,它是物质(包括人造物质)的一种派生属性;二者,这种属性只相对于人类才具有意义(即有用性)。

将信息(知识、情报)视为一种资源的思想古已有之。但将信息(知识、情报)与物质资源、能量资源等量齐观,并视为人类进步与社会可持续发展的三大战略性资源之一的思想则产生于现代。其原因可能很多,但是根本的,国内业界学者孟广均等人将之归纳为两条:"一是社会信息资源量的积累已发展到了一个足以引起人们观念发生质的飞跃的一个临界点;二是社会综合因素对信息资源量的积累与人的认识质变的刺激与激发"。孟广均等人同时指出这里的社会综合因素的核心是现代信息技术的飞速发展和广泛应用。但是,若联系"资源"一词的原意,现代社会信息化、信息产业、知识经济本身以及它们对信息(知识)需求的新基点也是不可或缺的。

虽然如此,在现有的认知条件下,对信息资源做出较为准确的界定仍是十分困难的。这里试图给出一个框架性的界定:"信息资源是客观属性与主观属性的二元建构。这里的客观属性是指人类文化信息由于内含了人类的附加劳动(主要是智力劳动)才具有了资源本体意义的属性;主观属性是指信息资源的需求对应性以及将其可用性转变为现实价值的能量意义"。如果说,前者是"文本"二元建构现实存在的进一步表现,后一点则是"资源"视角下"情报"与"认知机制"存在的内在依据。

虽然主观知识(非文献化信息、非"文本")与客观化知识(文献信息、文本)都具有资源属性,但相对于人类的认识及其能力,前者是一种有限再生的资源、潜在的资源,后者则是一种可无限再生的资源、显在的资源。

（三）从与其他资源比较的角度来定义

信息资源一词首先来源于美国,而且是随着美国信息资源管理(information resources management,IRM)研究的兴起而产生的一个术语。而后,我国学术界也开始介绍和使用"信息资源"概念。虽然信息这一概念产生的历史并不长,但它如今已同物质资源、能量资源并列,成为共同构成现代社会资源的三大支柱,而且具有更重要的核心作用和引导作用,谁掌握了信息资源,谁就能更有效地利用物质资源和能量资源,从而在国际竞争中掌握主动权。难怪美国前总统卡特曾大声疾呼:"信息,像我们呼吸的空气一样,是国家的资源。准确而有用的信息对个人和国家来说,就如同氧气对于我们的健康和幸福那样必要"。

（四）信息资源的科学内涵

综上所述,我们不难看出,信息资源是一个具有丰富内涵和外延的概念,在我国,通常将信息资源定义为有使用价值或潜在使用价值的各种信息的总称,具体的就是指能够通过各种信息媒介和渠道的传播,可以直接转化为社会生产力的基本要素,是对社会生产方式和生活方式产生直接或间接影响的各类信息的总称。信息资源与自然资源、人力资源共同构成支撑现代经济社会发展的资源体系。

二、信息资源的特征

信息资源与物质资源和能源资源一样,具有资源的一般特征。这些特征包括:

1. 信息资源具有人类需求性

人类从事经济活动离不开必要的生产要素的投入。传统的物质经济活动主要依赖于物质原料、劳动工具、劳动力等物质资源和能源资源的投入,现代信息经济则主要依赖信息、信息技术、信息劳动力等信息资源的投入,信息资源已经作为生产要素,成为人类需求必不可少的一种资源。人类之所以把信息当作一种生产要素来需求,主要是因为各种形式(文字、声音、图像等)的信息不仅本身就是一种重要的生产要素,可以通过生产使之增值,而且还是一种重要的非信息生产要素的"促进剂",可以通过与这些非信息生产要素的相互作用,使其价值倍增。

2. 信息资源具有稀缺性

稀缺性是信息资源最基本的特征。其原因主要有两方面:"原因之一是,信息资源的开发需要相应的成本(包括各种稀缺性的经济资源)投入,经济活动行为者要拥有信息资源,就必须付出相应的代价。因此,在既定的时间、空间及其他条件约束下,某一特定的经济活动行为者因其人力、物力、财力等方面的限制,其信息资源拥有量总是有限的。如果信息资源具有经济意义,但不稀缺,就不存在投入人力、物力、财力进行开发和利用的问题。原因之二是,在既定的技术和资源条件下,任何信息资源都有一固定的不变的总效用(即使用价值),当它每次被投入到经济活动中去时,资源使用者总可以得到总效用中的一部分(也可能是全部),并获取一定的利益。随着被使用次数的增多,这个总效用会逐渐衰减。当衰减到零时,该信息资源就会被"磨损"掉,不再具有经济意义。这一点,与物质资源和能源资源因资源总量随着利用次数的增多而减少所表现出来的资源稀缺性相比,虽然在表现形态有所不同,但在本质却是非常相似的"。

3. 信息资源具有智能性和综合性

信息资源是人类所开发与组织的信息,是人类脑力劳动或者说认知过程的产物,人类的智能决定着特定时期或特定个人的信息资源的量和质,智能性也可以说是信息资源的"丰度与凝聚度"的集中体现。信息资源的智能性要求人类必须将自身素质的提高和智力开发放在第一位,必须确立教育和科研的有限地位。

信息资源不仅是社会生产力的反映,而且任何一类信息资源,都几乎不是孤立存在的,而是与其他类信息资源密切联系。由一种信息源引发生成另一种信息源,这是信息资源发展中的一种普遍现象。信息资源的综合性,要求人们不仅要注重自然科学信息资源的开发与利用,而且还要注重社会科学、人文科学信息资源的开发与利用,善于在各类信息资源的相互影响和渗透中发现、挖掘信息资源的巨大社会价值。

4. 信息资源具有不均衡性和整体性

由于人们的认识能力、知识储备和信息环境等多方面的条件不尽相同,他们所掌握的信息资源也多寡不等;同时,由于社会发展程度不同,对信息资源的开发程度不同,地球上不同区域信息资源的分布也不均衡;通常所谓的信息领域的"马太效应"就是与这种不均衡性有关的现象。不均衡性要求有关信息政策、法律和规划等必须考虑导向性、公平问题和有效利用问题。

信息资源作为整体是对一个国家、一个地区或一个组织的政治、经济、文化、技术等的全面反映,信息资源的每一要素只能反映某一方面的内容,如果割裂它们之间的联系则无异于盲人摸象。整体性要求对所有的信息资源和信息资源管理机构实行集中统一的管理,从而避免人为的分割所造成的资源的重复和浪费。

5.信息资源具有社会性和经济性

信息资源不是自生的,需要投入极其巨大的人类劳动(尤其是智力劳动)来建构(生成、积累、整合、配置)与开发利用,这就决定了信息资源建构与开发利用是高度社会化的活动,信息资源本身也是高度社会化的产品。不论是信息资源的生成、建构、维持,还是传播与利用都是需要成本的。这就使信息资源具有价值、价格、效益、效率等内在属性,这些属性又与信息资源本身的真实度、可利用度以及开发利用的深度广度直接相关。

6.信息资源具有有限传播性和共享性

信息资源只是信息的极其有限的一部分,比之人类的信息需求,它永远是有限的,从某种意义上说,信息资源的有限性是由人类智能的有限性决定的。有限性要求人类必须从全局出发合理布局和共同利用信息资源,最大限度地实现资源共享,从而促进人类与社会的发展。

信息资源借助于各类媒介,比如网络、电视、电话、印刷品、声像、电子信息、数据库等,可以广泛向社会传播,从而经常地深入地影响社会,对社会成员产生潜移默化的作用。正是在这种传播过程中,信息资源的价值才能得以实现。

信息资源不同于一次性消耗的物能资源。一般说来,信息资源可以多次重复使用,可以进行复制与再复制;信息资源一旦产生并得到开发利用,就可以成为供全人类所共享的,用之不竭的财富。可以说,可共享性是信息资源区别于物能资源的最根本属性之一。

三、信息资源的种类

(一)根据开发程度划分

1.智力型信息资源

指个人在认知和创造过程中储存在大脑中的信息资源,包括人们掌握的诀窍、技能和经验。它们虽能为个人所利用,但一方面易于随忘却过程而消失;另一方面又无法为他人直接利用,是一种有限再生的信息资源。随着现代咨询业的崛起,这类信息资源越来越重要。对这类信息资源的管理主要通过政策、法规和组织协调进行。由于这类信息资源主要存储于人的脑中,绝大多数内容只可意会,无法言传,因此管理起来具有相当大的难度。在实际操作时,应该积极借鉴和吸收人力资源管理的成果。

2.现实型信息资源

包括口语信息资源、文献信息资源、体语信息资源和实物信息资源四种类型。

（1）口语信息资源：

是人类以口头语言所表述出来而未被记录下来的信息资源，它们在特定的场合被"信宿"直接消费并且能够辗转相传而为更多的人所利用。

（2）文献信息资源：

是记录载体上的信息，即各种形式、各种内容的文献总和。具体地讲就是以语言、文字、数据、图像、声频、视频等方式不依附于人的物质载体而记录在特定载体上的信息资源。具有系统性、累积性、可加性、可开发利用性及保存性的特征。文献信息资源是由信息源、信息服务和信息系统构成的。

（3）体语信息资源：

是人类以手势、表情、姿态等方式表述出来的信息资源，它们通常依附于特定的文化背景，如舞蹈就是一种典型的体语信息资源。

（4）实物信息资源：

指各种样本、样机等，是以实物来存储信息和表现信息的。

（二）根据对信息资源进行管理的标准划分

1.记录型信息资源

包括由传统介质（纸张、竹、帛）和各种现代介质（如磁盘、光盘、缩微胶片等）记录和存储的知识信息，如各种书籍、期刊、数据库、网络等。信息活动中所称的具有固定的形式和较稳定的传播渠道的一次信息、二次信息和三次信息均为这类信息资源。记录型信息资源是信息资源存在的基本形式，也是信息资源的主体。信息资源的管理主要是针对这类信息而言，里克斯（B. R. Ricks）在《信息资源管理》一书中称管理这类信息资源的系统为"记录管理系统"（records management system），该书副标题印定名为"记录系统探讨"（a records approach）。全书围绕"记录系统"的规划、组织、控制及人员配备展开讨论。可见，记录型信息的管理是信息资源管理的核心内容。

2.实物型信息资源

这是由实物本身来存储和表现的知识信息，如某种样品、样机，它本身就代表一种技术信息。许多技术信息是通过实物本身来传递和保存的，在技术引进、技术开发和产品开发中发挥重要作用，是反求工程的基础。例如通过对实物材质、造型、规格、色彩、传动原理、运动规律等方面的分析研究，利用反求工程，人们可以猜度出研制、加工者原先的构思和加工制作方法,达到仿制或在其基础上进一步改进的目的。这类信息资源不能直接进入信息系统,要对其进行管理,必须先将它转换成记录型信息。

(三)根据信息的等级结构划分

1.零次信息资源

这类信息资源是指各种渠道中由人的口头传播的信息。显然这是对应于记录型的一次信息、二次信息、三次信息而提出的新概念。这一概念在日本企业信息活动中广泛使用。我国近十多年来也十分关注零次信息,对其特性和作用进行了研究。零次信息是人们通过直接交流获得的信息,是信息客体的内容直接作用于人的感觉(包括听、视、嗅、味、触觉)的结果。而不是像一次、二次、三次信息和实物型信息那样通过某种物质载体的记录形式发生作用。因此,零次信息具有直接性、及时性、新颖性、随机性、非存储检索性等典型特征。零次信息资源对于科技活动和经济活动具有不可忽视的作用。

(1)科学技术日新月异,新知识、新概念、新术语、新数据层出不穷,而且常常通过非正式渠道以零次信息的形式传播,获取零次信息可以补充记录信息和正规渠道的不足。

(2)如果组织机构信息系统不健全,信息工作者水平低,不能提供有价值的信息,或者信息渠道不畅,也可以通过捕捉零次信息加以弥补。

(3)在市场环境中,零次信息占有较大比例,它们反映着市场供求、价格、竞争状态的变化,是市场调查和分析的重要依据。

(4)在现代咨询服务中,零次信息具有特殊意义,用户的需求通过零次信息反映出来,咨询人员所提供的知识经验正是他们携带的零次信息。

(5)随着网络的兴起和普及,零次信息的传递超越了时空限制,传播量、速度和影响面越来越大。

零次信息的存在形式、传播渠道具有较大的随机性,难以存储和系统积累,给这类信息资源的管理带来了很大困难,需要采用特殊的方法搜集、记录、整理和存储。

2.一次信息资源

指作者以本人的研究成果为基本素材而创作或发布的信息,不管创作时是否参考或引用了他人的著作,也不管该信息以何种物质形式出现,均属一次信息。

3. 二次信息资源

指信息工作者对一次信息进行加工、提炼和压缩之后所得到的产物,是为了便于管理和利用一次信息而编辑、出版和累积起来的工具性文献。检索工具书和网上检索引擎就是典型的二次信息资源。

4. 三次信息资源

指对有关的一次信息和二次信息进行广泛深入的分析研究综合概括而成的产物。

四、信息资源的功能

从信息资源在社会经济活动中利用的过程和发挥作用的特点,我们可以把信息资源的主要功能归纳如下:

1. 生产力功能

信息资源的生产力功能是在信息要素和信息技术要素(两者同是信息资源的重要因素)有机结合的条件下实现的。在信息技术的支持下,信息可以有效地改善其对生产力各要素影响的条件,它给社会生产力带来的变化不是一般意义上的效率提高和功能的改善,而是从质到量的深刻变革。

2. 管理与协调功能

在人类社会中,物质和能源不断从生产者"流"向使用者,这种客观存在的物质流和能源流的运动表现为相应的文献和信号的运动(由各种物质和能量携带),其总汇便构成信息流。信息流反映物质和能源的运动,社会正是借助信息流来控制和管理物质能源流的运动,左右其运动方向,进行合理配置,发挥最大效益。

3. 选择与决策功能

选择与决策是人类最基本、最普遍的活动。信息的这种功能广泛使用于人类选择与决策活动的各个环节,并优化其选择与决策行为,实现预期目标。信息的这种功能体现在两个方面:"一方面,没有信息就无任何选择和决策可言;另一方面,没有信息的反馈,选择和决策就无优化可言"。

4. 研究与开发功能

信息的这种功能实际上是信息的科学功能的具体体现,即在人类科学研究和技术创新活动中,信息具有活化知识、生产新知识的功能。在人类从事科学研究和技术开发的各个阶段,都需要获取和利用相关信息,掌握方向、开阔视野、启迪思维,生产出新知识、新技术和新产品。发挥这一功能的信息基本上是科学技术信息。

第二章　图书馆信息服务概述

第一节　图书馆信息服务的概念与发展

一、图书馆信息服务的内涵

图书馆信息服务是伴随信息时代的到来和产业结构的变化、服务业得到发展而发展起来的一种信息服务。它具有信息服务的一些特征,同时也具有服务的一般特性。服务业和服务理论的发展势必对图书馆信息服务产生相应的影响,为使图书馆信息服务效益和管理提高,有必要先认识一下服务与信息服务。

(一)相关概念内涵

1.服务及其特性

(1)服务的概念:

服务是一种相当复杂的社会现象,覆盖面广,表现形式多样。随着网络技术、新经济的兴起和发展,对服务研究的广度和深度不断延伸和扩展。尽管如此,服务含义并没有统一。

从世界范围看,管理学对服务的研究是从 20 世纪五六十年代开始的。但随着网络技术的发展,市场竞争日益激烈,服务品牌逐渐成为公司发展最有力的生存利剑。据此,服务理论再次成为被探究的热点。在国内,随着市场经济和网络条件的日趋完善,服务业得到了前所未有的重视和发展。服务经济从"单纯的奉献型"发展到"用户需求服务",服务意识空前强烈。从服务的发展和各家之言看,服务的理论和概念日臻完善。有专家指出,服务包含两方面含义:"一是它的过程属性,指创造价值的活动;二是产品属性,指创造价值活动的结果,即服务产品。从这种角度可以看出,服务是一种可以进行交易并产生价值的无形商品"。

(2)服务的特性:

服务既是商品,又是无形的。因此,服务管理理论将服务与一般商品进行比较归纳出服务特性为:一是服务的无形性与可感知性:服务的无形性是指服务产品在很大程度上是抽象的和不具备实物形态。服务的可感知性是指服务对象往往根据经验做出购买决策,并且总要寻求服务质量的标志或证据。二是不可分离性:即服务在生产与消费上的同一性。服务的产出与消费是同时进行的,顾客参与到过程中。而一般有形产品的生产、贮存、分销与消费具有时间差。三是服务的差异性与易变性:主要表现为同一项服务,有不同的提供者;同一项服务的提供者在不同的时间、地点都会产生不同的效果。四是易消失性:不能像有形产品那样存储服务。尽管服务有其自身特性,但有一点需要注意,随着网络经济和服务经济的发展,服务与商品存在着一定的替代性和统一性。

2. 信息服务及其特性

(1)信息服务的概念:

信息服务是伴随信息产业的发展而发展的,是在计算机网络环境下逐渐生长的。受其成熟度的影响,也使信息产业的内容和界定有多种不同的认识和观点,并且由于出现了以数字化信息为核心的产业链,又分解出了通常所说的内容产业。国内,也出现了不同的含义界定,岳剑波在《信息管理基础》中认为:"关于信息服务的概念,有广义和狭义之分。广义的信息服务概念泛指以产品和劳务形式向用户提供和传播信息的各种信息劳动,即信息服务产业范围内的所有活动,包括信息产品的生产开发、报道分配、传播流通以及信息技术服务和信息提供服务等行业。狭义的信息服务概念,是指专职信息服务机构针对用户的信息需要,及时地将开发加工好的信息产品以用户方便的形式准确传递给特定用户的活动。"这里广义信息服务即指内容产业服务,狭义信息服务指图书馆、档案馆和专门信息服务机构的服务活动。

(2)信息服务的特点:

从服务的角度观察研究信息服务,它必然具有如前所述的服务的一般属性,由于信息本身的特征,信息服务同时具有以下特点:

一是物质性。这是由信息的可识别性决定的,信息是物质的存在方式和运动状态,因此,具有物质性,它的传播和流通需借助一定的物质载体,它是一种固化的物质形态。

二是道德性。信息的累积性和延续性推动了人类文明的积淀和社会的不断发展,它反映了一定历史阶段的一定群体的思想、文化、道德及技术等,同时它的传播必然遵循一定的规则与思想道德规范。

三是时效性。信息从产生到最终消费必须及时,否则就得不到应有的效应和利益。

四是非排他性。信息具有共享性的特性。信息服务过程中不但不会产生信息的消失和减少现象,反而会实现信息的增值效应。

五是边际效用递增和边际成本递减。信息的共享性和可转换性导致信息服务过程中不仅不会减少和损失信息资源,相反会随着信息的反复利用而增加服务效益,其被利用的越多越充分,增加的效用越大;同时,信息的增量和增值显然导致信息利用成本的降低。

信息服务的特点在信息服务业中具有普遍适用性,但作为信息服务业成员的图书馆信息服务,除具有一般意义上的信息服务的共性外,又有自身的特性。

(二)图书馆信息服务的内涵

1. 图书馆信息服务的含义

图书馆信息服务从封闭到开放,从传统文献信息服务到网络化信息服务,乃至当前普遍关注的知识服务,多从信息本身、技术或信息资源的开发利用的角度对其论述以及进行图书馆信息服务价值的评判,很少有从纯粹服务范围内的角度去研究或进行图书馆信息服务及其管理。信息社会的发展、服务经济的兴起、网络技术的应用以及竞争的加剧促使图书馆信息服务无论从形式还是从内容上都发生了质的变化、信息用户被大量分割或分流。这样一来,图书馆信息服务必须从服务的角度重新定位图书馆信息服务及其管理以及图书馆功能,提供能使用户深切感到图书馆价值的真挚服务,建立和保持用户的忠诚度。

服务是图书馆得以生存和发展的根本,图书馆应转变观念,树立服务的理念和意识。图书馆信息服务获得信息用户的高满意度,既满足了信息用户,又实现了图书馆及服务人员劳动的价值,这应成为图书馆信息工作所追求的目标,也是每一位图书馆人应牢记在心并付诸服务行动的准则。服务与用户驱动思想在图书馆信息服务中的重要性越来越凸现。

作为信息服务之一的图书馆信息服务的含义如何界定,笔者认为应至少包含如下几点:

第一,图书馆信息服务是基于相关信息源开展的一个劳动过程。

第二,图书馆信息服务是围绕相关信息而展开的一系列服务活动。

第三,图书馆信息服务具有层次性,主要表现在信息服务对象和信息服务结果的层次性。信息服务用户由大众化向个性化、一般性用户到特定用户逐层推进,其信息服务结果也依据信息用户的不同呈现从一般性需求到特定需求、普遍需求到个性化需求的层次。

由此,图书馆信息服务的含义综合概括为:图书馆信息服务是提供者依据用户的相关信息需求,通过特定方式,以特定信息形式和内容满足用户的相关信息需求的服务行为过程。

2. 图书馆信息服务的特性

关于图书馆信息服务的特性,除具有信息服务的普遍共性外,图书馆信息服务又有不同于一般服务的特性:

一是图书馆信息服务具有知识性。图书馆是人类经验和知识长期积累的产物,它的发展也是知识创新的驱动所致。在科技领域,图书馆信息服务的这一特性尤为突出,人们利用这一服务的基点、重点和终点都是为了获取相关知识与信息,从而创造新的知识。其次,从图书馆活动本身来说,图书馆从搜集、选择、加工、传播到服务的最终提供乃至后期的跟踪服务这一全过程都是围绕知识和信息进行的。这样一来,促进显性知识和隐性知识的相互转化,使知识资本得以充分利用,进而促进现实生产力的转化。

二是图书馆信息服务具有依赖从属性。图书馆信息服务作为一种社会现象,是社会实践和科学技术不断发展的结果,同时,也会随之在从形式到内容上不断发生演变。因此,图书馆信息服务依附于一定社会系统而呈现时代特色。并且图书馆信息服务本身要依赖相关知识和信息服务于特定的信息需求。

三是图书馆信息服务具有明显的开放性。这是由图书馆本身的性质决定的。图书馆信息服务的工作对象——信息是开放的,图书馆的宗旨就是最终实现信息知识资源的全球共享,在网络环境下这一特性尤为突出。图书馆信息服务的用户也是开放的,用户不分其国籍、民族、性别、年龄、地位等的限制,只要有信息知识的需求,图书馆信息服务就要满足用户的需求。

四是图书馆信息服务的连续性。这一特性主要体现在图书馆信息服务各工作节点的连续性和不可脱离性以及人们认识客观事物的规律上。人们是在逐步深化的过程中认识事物存在的,人们只有在不断补充信息知识的前提下,才能逐步完成对客观事物及规律的确定,因此,图书馆信息服务是持续不断地提供给用户信息与知识。

二、图书馆信息服务的实质

图书馆信息服务工作随着社会对信息的需求,有一个从低级向高级、从简单向复杂的发展过程,它的性质是在不断发展变化的。

图书馆信息服务工作从其性质来看,包含并概括了图书馆的基本性质。这是因为图书馆的性质及其对社会的作用,必须在用户利用文献信息的过程中才能显示出来。所以图书馆的主要属性也就是信息服务的基本属性。但是信息服务也有它的特性,具体来说,就是它在传播知识,交流信息中的中介作用。

不管是图书馆收藏的实体文献或网络上的虚拟信息资源,都蕴藏着丰富的知识,凝聚着人类智慧的结晶,人们通过利用印刷型文献或数字化、电子化信息资源,可以学到前人或他人所创造的知识信息,使人类对客观世界的认识,在时间上可以长期地积累和保存下去,在空间上可以广泛地传播、推广开来。人类社会正是靠着知识的继承、吸收和创造,才不断地发展,不断地创新和前进。文献和信息资源是人类极其宝贵的精神财富。

图书馆通过信息的传递、信息检索、信息开发、信息咨询、网络信息服务等各种服务方式,将知识、信息提供给广大用户使用,在信息与用户之间发挥中介作用。当图书馆将信息传递、推送给用户或进行信息导航服务时,其实质是将知识、信息传送给了用户,是在人类知识的继承、交流中发挥着重要的中介作用。从这个意义上讲,图书馆信息服务是一项传播知识、交流信息的工作。

根据上述文献信息服务的发展变化及其所具有的性质,我们给它下的定义是:图书馆信息服务是利用本馆的或国内外其他信息机构的有序化的信息资源,或利用各种电子出版物和网络上的信息资源,通过组织用户和开发信息资源,在用户与信息资源中发挥中介作用的一种服务工作。其实质是向用户传播知识、交流信息、进行教育、丰富文化生活。

三、图书馆信息服务工作的结构

做好图书馆信息服务工作,就要抓住"两头",当好中间人。所谓"两头",一是用户,一是信息资源。中间人就是图书馆的服务工作。

（一）关于用户研究和用户培训

用户是图书馆的服务对象，为用户服务是图书馆一切工作的基本出发点。图书馆必须对用户的阅读心理和阅读需求进行了解，才能有针对性地开展服务，提高服务质量。

在了解用户需求情况的基础上，还要开展用户教育工作。在传统的服务环境中，用户教育主要是辅导用户利用图书馆，向用户介绍文献和文献检索知识，使用户掌握开启知识宝库的钥匙。在网络环境中，应对用户进行信息意识、信息能力教育、计算机操作和应用能力教育以及网络认知能力的教育等。

（二）关于信息资源的开发

信息资源是开展服务工作的物质基础。信息资源开发就是通过特定的方式和手段，将信息资源中所含的知识内容和信息揭示出来。传统图书馆大家都称为"知识宝库"，现在，要将它变为"知识喷泉"，把宝库中的知识开发出来，为科研、生产、教育、文化等各方面的用户所利用。

对于一次文献，主要是以整体图书或期刊为单元，通过著录、分类或标引来进行整序、开发，其产品是图书馆目录或书目。将一次文献中的主要内容，按主题或专题进一步整序开发，编制成索引、文摘等，形成二次文献。将文献中的知识、信息重新组合优化，经过分析、综合、推理、论证等一系列深加工，编成综述、述评等，形成三次文献。这些都是对传统文献的不同层次的开发。

电子文献和网络信息资源的开发是新形势下提出的任务。网络信息的数量庞大，内容庞杂，这就要求图书馆加强对信息中的知识的筛选、分析、整合和挖掘等工作，经过图书馆的信息加工，使知识增值，这是图书馆信息开发工作的进一步深化。

四、图书馆信息服务的发展历程

图书馆的信息服务经历了图书馆传统文献信息服务、复合图书馆信息服务、数字时代图书馆信息服务三个阶段。

（一）传统的图书馆服务模式

1. 传统图书馆文献服务的发展

我国传统图书馆文献服务始于 20 世纪初，它是伴随着近代图书馆的诞生而发生、发展起来的。20世纪初,以公共使用藏书为基础的公共图书馆和高校图书馆逐步建立起来。由于将藏书开放,供社会人士借阅,于是就有了初期的读者服务工作。20世纪初的读者服务工作,其宗旨是"开放藏书,启迪民智",通过藏书的使用来教育人才,传播改良主义思想及西方的科学技术知识。开放的对象主要是知识分子。服务方式受"藏书楼"思想的影响,只开展阅览服务。

辛亥革命以后,蔡元培先生任教育总长,他提倡科学与民主,主张平民教育。恰逢鲁迅先生于当时在教育部社会教育司任职,其任务之一是掌管图书馆事务。在两位先生的倡导下,通俗图书馆大量设立,图书馆的服务对象扩大到平民百姓。公共图书馆、通俗图书馆及一些高校图书馆开始外借服务工作。

"五四运动"以后,图书馆成为宣传新思想,传播新文化的社会教育阵地,图书馆的服务工作和服务方式有很大的进步,如:建立巡回文库,开展通信借书等,将图书送到学校、居民中去,供给有需要的读者使用。

新中国成立后,随着图书馆性质的变化,图书馆服务配合各项中心工作开展了一些图书宣传和阅读指导活动,在内容上有了进一步开拓。由于图书宣传和阅读指导在宣传教育方面能发挥较大作用,因此文献信息服务的教育性质逐渐明显。20世纪60年代以后,由于世界科学技术的迅速发展和文献信息的大量增长,对文献信息的服务提出了新的要求。客观形势要求文献信息服务以最快的速度,从大量的信息中筛选出最符合用户需要的信息,在开发信息、推动科研和生产方面发挥新的作用。于是图书馆服务逐渐转向主动报道、检索、开发文献信息的方向上来,为科研服务工作有了进一步开展。

2. 传统文献信息服务的特点

(1)以印刷型纸质文献为主。如图书、报纸、期刊等,这些文献都收藏在图书馆内,是图书馆的物质基础,属于图书馆的实物藏书。在闭架借阅情况下,图书馆的藏书一般要通过图书馆目录或各种书目才能反映出来。在开架借阅情况下,用户可以到书架上直接查找图书。由于各馆分散藏书,虽然各馆都希望自己的藏书能够"大而全"或"小而全",但由于购书经费有限,造成文献资源短缺。

(2)用户要借阅图书馆的书刊,必须亲自到图书馆。在闭架情况下,用户借书前首先要经过查阅目录,找到自己所需要的书刊名称后,要填写索书单,馆员按照索书单上的书名、索书号等,从书库中将书或刊取出。用户出示借书证或阅览证,并在书后的借书单上签盖借书日期和读者姓名(或借书证号码)后,才能拿到自己所要借的图书。如果所要借的图书已经借出,只好失望而归。或办理预约借书手续,过一定时期再来借取。在这种情况下,用户与藏书、用户与馆员之间都是有距离的。图书馆的服务是"以馆藏为中心","以阵地为中心","以馆员为中心",一般是"等客上门"的被动服务的模式,满足于借借还还的服务工作,使有限的书刊资源未能充分利用,藏书的利用率较低。

(3)服务内容以一次文献借阅为主。如外借、阅览、馆际互借等。20世纪80年代以后,开始采用开架借书的方式,拉近了用户与藏书的距离,在一定程度上方便了用户选择和翻阅书刊。采用自动化书刊流通系统以后,简化了借书手续,缩短了借书时间,方便了用户借书。有些大型图书馆还开展二次文献信息服务,如书目服务、参考咨询服务、文献检索服务等。

(4)馆员服务以手工操作方式为主。取书及归架,办理各种借阅手续,进行借阅统计工作等,均是手工操作。因此,工作速度较慢,效率较低。馆员与用户基本是一对一的服务方式。

3.传统文献信息服务的优越性

首先,印刷型文献过去式,将来仍是用户喜欢利用的文献形式。无论是科研、学习用书或消遣用书,人们几十年形成的阅读习惯,使印刷型文献成为用户不可缺少的文献形式。传统文献在阅读时具有休闲性和随意性,而网络阅读必须坐在计算机旁,正襟危坐,不能边坐边看或边卧边看。而且,长时间网上阅读容易疲劳。再有,虽然网上信息资源丰富,获取便利,但也存在信息安全、版权管理等方面的问题,而且目前能够利用网上信息的用户还不够多,主要是青年用户利用较多,不少中老年用户不会或不擅长利用网上信息,他们仍热衷于利用印本文献。因此,虽然网上的信息资源越来越多,但是印本书刊的出版数量仍然大量增长的事实,说明用户还是喜欢阅读印刷型文献。其次,传统图书馆在服务工作的实践中,摸索出一整套服务方式,如馆内阅览、馆外借书、馆际互借、书刊陈列、文献复制等。这些服务方式仍是用户经常使用的文献借阅方式。特别是一次文献的获取,还要靠传统的外借、阅览方式才能获得原始文献。所以,传统服务工作仍然被广大用户所认可,图书馆仍要做好传统文献服务工作。再次,图书馆原有的服务设施仍在发挥作用,如宽敞明亮的阅览室、多功能厅、展览厅、多媒体厅等,这些设施可供人们进行阅读、开展自我教育、丰富文化、娱乐消遣等多种活动,发挥图书馆作为社会教育文化中心的作用。

(二)复合型图书馆服务模式

复合图书馆是传统服务与现代化服务相对接的服务模式,是从传统服务模式向现代化服务模式转型期的过渡形式。由于采用计算机等现代化技术进行采购、编目、流通、检索及内部管理,建立机读目录数据库,文献信息服务的效率大大提高,用户可以通过联机系统查寻本馆或其他图书馆的藏书目录及和其他各种二、三次文献信息。在这个模式中,传统服务与现代化服务相辅相成,互相渗透,优势互补,互动互助,在多种信息资源的基础上,可以方便用户,为用户提供满意的服务,从而提高图书馆的服务质量。在复合图书馆服务工作中,传统服务模式要采用现代化技术手段提高工作效率,而现代化服务模式要吸收和利用传统服务模式的业务基础,以适应图书馆工作的需要。

1. 复合型图书馆服务面临的变化

(1)图书馆信息环境的变化:

过去衡量一个图书馆的价值,主要是看它藏书量的多少和馆舍的大小。随着电子出版物和网上信息的增多,馆藏数量不再是衡量图书馆价值的主要标志,而信息资源的开发和利用在衡量一个图书馆价值上,越来越占据重要地位。

(2)信息类型的多样化:

复合型服务的物质基础仍然是以印刷型文献为主。为了方便用户,图书馆把用户利用率较高的或珍贵的印刷型文献转换为数字文献。有些文献在出版时就采用电子版与印刷版两种形式。此外,还有大量电子型文献,如:电子图书、电子期刊、网络报纸、综合性数据库、光盘、视频文献、音像文献等,也作为图书馆采集和储存的对象。这些文献以传播面广,传递速度快,信息处理迅速,检索方便,存储量大等优势,向纸质文献提出了挑战。

(3)用户类型的变化:

过去,每个图书馆都有自己特定的用户对象,如:高等院校图书馆的服务对象主要是本校的教师和学生;科学图书馆的服务对象主要是本单位的科研人员。但在网络环境下,用户不再受部门、地区或国别等因素的限制,用户可以在自己的家里或办公室,通过网络,可以利用各个图书馆的各种信息资源,而不再受某个图书馆藏书的限制,用户与信息资源之间的距离缩小了。这种情况下,图书馆的服务对象既有固定的用户群,也有网络用户群。但对网络用户,图书馆较难确定其数量和类型,也较难掌握他们的信息需求及变化。

(4)用户需求的变化:

传统图书馆向用户提供的主要是印刷型文献。在现代条件下,用户的信息需求发生了根本性的变化,用户已经不满足于提供整本图书或期刊,不满足于单纯的文献信息服务,而是要求提供某一专业、某一主题或某一事物的知识单元或知识信息服务,要求提供综述型、研究型、专题型的知识信息服务。因此,图书馆要从文献信息服务,转向个性化、专业化的知识信息服务。用户需求的变化将导致图书馆服务内容、服务方式等一系列的变化。

(5)服务形式的变化:

复合图书馆的服务形式是实体与虚拟相结合的形式。既有图书馆的实体服务场所,可以为用户提供信息资源,帮助用户获取信息的传统服务;又有不受时空限制的虚拟空间,通过互相关联的计算机网络,利用各种数字化信息资源,把分布在世界各地的数据库及各种信息资源有组织地连接起来,打破时空限制,用户只需点击图书馆网页,就可获得他所需要的各种知识、信息。

但在发展网络信息服务的同时,要注意发挥那些网络服务不能替代的传统的信息服务,要将非网络信息服务与网络信息服务有机地结合起来,提高整体服务水平和服务效率。

2. 复合型图书馆服务的发展趋势

复合型服务模式要突破传统服务模式,将呈现出下列几个趋势:

(1)变封闭型为开放型:

面对信息技术的迅速发展和社会信息需求的不断扩大,图书馆再也不能把自己禁锢在图书馆的围墙中。图书馆的服务工作要走出图书馆,面向用户,面向需求,主动服务,形成以用户为中心、以需求为导向的主动服务理念和服务模式。

(2)从单一化服务转为多元化服务:

传统图书馆多囿于馆内的一次文献服务,随着社会经济和信息技术的发展,人们传播信息和获取信息的渠道和方式呈现多元化趋势。图书馆要想满足用户的需求,就需要在服务内容和服务方式等各方面,开展多元化的服务活动,包括:联机检索、光盘检索、网络检索和咨询、远程教育、代查代译等多方面的服务活动。

(3)从手工操作转为智力开发:

传统图书馆馆员的工作大部分是手工操作,工作重复、烦琐,体力劳动较多。新技术的发展,改变了馆员和用户的关系,部分用户仍维持与馆员面对面的服务关系,但是部分网络用户则通过网络与馆员建立起一种新型的"虚拟关系"。面对新的情况,馆员的大量工作应转向对知识、信息的开发、整合,对网上信息进行检索、筛选、分析、链接等智力工作,图书馆提供的服务工作的知识含量和技术水平将不断提高。

(4)从分散式服务转向"一站式"服务:

传统图书馆的服务工作一般是多部门分块管理,用户需要某一专业的文献,往往要跑遍图书馆的外借、阅览、期刊、光盘等许多部门,给用户带来很多不便。在现代技术条件下,图书馆为了方便用户,可通过馆内网络环境和数字信息资源,迅速按照学科或专题的内容,查寻到所有的信息资料,让用户享受到在一个场所即可获得从信息检索、信息查寻、信息传递,直到最终获取到全文文献的"一站式"服务。免去用户许多麻烦,节省了用户的时间和精力,有力地提高了服务质量。

3. 复合图书馆的服务工作

当前,不少图书馆处于传统模式与现代化模式对接的转化时期,传统模式与现代化模式交织在一起。多数图书馆仍以传统服务为主。因此,应"两条腿走路",一手抓传统服务的强化、提高和挖潜;另一手抓现代化服务模式的构建。转型期的服务工作可包括:

(1)加强一次文献的服务,大力开展馆际互借:

许多用户从电子文献、文摘、索引或网络中查找到所需要的文献线索后,但苦于无法获得原始文献。有些文献已制成全文电子版图书或期刊,在一定程度上缓解了用户对一次文献的需求。但也还有大量的对原始文献的需求必须到图书馆去借阅。一次文献服务接近用户,方便用户使用。要继续加强一次文献的传递和提供,做到快速准确。为了全面满足用户需求,在本馆无收藏的情况下,可通过馆际互借,利用远程通信或网络,向本地区、本国或外国其他的图书馆去借书,然后再转交给用户借阅。

(2)深化二次文献服务:

以计算机自动化技术为依托,根据用户对教学、科研或某些专门问题的需要,对本馆印刷型文献或电子出版物中的知识、信息进行筛选、提炼,编成专题书目、专题文献数据库,或进行专题检索、定题检索服务等。利用自动化技术开展二次文献服务,可以大幅度地扩大信息来源,使服务深度和服务质量均得到提高。

(3)在管理机制和运行机制上要引入复合图书馆的新理念:

一些业务机构需要重组,如:电子阅览室要与电子出版物的采购、组织、利用和管理相结合,要建立信息导航和远程教育机构等,在传统图书馆服务与虚拟图书馆服务之间互相兼顾,注意它们在职能、结构上的互相衔接和替代关系。

(4)积极开展多元文化教育娱乐活动:

图书馆作为社会文化教育中心,应继续开展文化教育及各种娱乐活动。这样,不但可以扩大图书馆的服务规模,还可以提高图书馆在社会上的影响力。图书馆拥有多种服务设施,如电子阅览室、文献检索室、展览厅、讲演厅、影视部、活动室、餐厅、咖啡厅等,利用这些设施可以开展文化展示、文化沙龙、专题报告、学术研究、文化交流、作家见面会以及培训辅导班等多种健康、有益的文化活动。也可以利用网上的电子论坛、电子布告栏等发布信息,解答用户的咨询或组织用户交流等活动,使图书馆真正成为社会的文化中心、娱乐中心、社会教育中心和用户的"第二工作室"。

(5)抓好自动化、网络化基础设施建设:

要根据各馆的原有基础、经济来源及具体情况,加大现代化信息网络设备的建设。首先要购买必需的现代化硬件设备,为今后向电子化、数字化图书馆的方向发展做好前期准备。其次,要搞好应用软件的开发或引进。适用的软件是决定图书馆自动化、网络化系统功能和效益的先决条件。引进国内外先进的图书馆管理软件,可以少走弯路,加速图书馆现代化建设的步伐。

(三)数字时代图书馆服务模式

数字时代图书馆是在图书馆自动化的基础上,利用计算机的硬件和软件,管理各种数字信息资源的采集、加工、存储,并提供存取、利用、检索等。数字时代图书馆是由大量的数字化信息资源组成,它以一种有序的组织系统和服务框架,在任何时间、地点为任何用户提供信息服务。数字时代图书馆的一个明显特征就是工作重心从收藏转向获取,从文献描述转向文献传递,从提供文献线索转向提供分析、加工后的增值信息产品。数字图书馆服务强调对用户的知识援助和智力开发,它所体现的是一种"知识传递"和"知识增值"服务。数字图书馆服务有下列一些特点:

1. 馆藏文献数字化

图书馆逐步把原有的有价值的印刷型文献以及声频资料、视频资料等转换为数字化信息,将各种信息以计算机可处理的字符编码形式、图像形式、多媒体形式,存储在大容量的存储装置中。也可以购置现在有些出版社的电子型、数字型出版物。数字化信息不仅能节省图书馆的存储空间,而且能方便用户快速检索和远程检索。馆藏的数字化是数字时代图书馆的重要特征。

2. 面向用户的服务模式

面向用户是数字时代图书馆的又一特征。数字时代图书馆的用户有两种类型:一种是馆内用户,即亲身到图书馆来利用网络信息的用户;另一种是远程用户,是借助数字化图书馆提供的网络信息服务平台,通过远程访问、登录,来获取信息的用户。在数字时代,用户已不关心图书馆在什么地方,而是关心如何链接网络以及网络上有什么信息。

（1）服务功能的拓展

数字化图书馆可以提供信息共享的环境,服务内容可扩大到整个互联网用户。通过动态联结机制,将网络上的虚拟图书馆联合起来。在数字环境下,图书馆服务的实质是链接和组织网上的信息资源,为用户提供信息资源。可以 24 小时全天候服务,服务范围远远超过传统图书馆,大大提高了服务效率。

（2）开展专门化、个性化服务

根据用户的专门化、个性化需要,把信息资源链接成一个整体,使用户得到面向主题的信息服务。并利用信息推送技术,帮助用户建立起个人信息资源或专题信息资源导航库。

（3）走向集成化信息服务

数字时代图书馆的集成化要做到:"信息资源的集成;信息内容的集成;信息技术集成。数字时代图书馆要实现检索、采集、分析、加工和提供的无缝链接,实现各种服务方式之间的有机结合"。

（4）便捷的可存取性

远程通信技术和网络技术的应用,使得数字图书馆可以与国内外各个大型图书馆、各类信息服务机构互相联结起来,实现大规模的资源共享,扩大了用户可以获得和利用的数字化信息资源的范围和数量,并能快速存取所需要的信息。

（5）馆员角色的转变

传统图书馆的馆员是文献信息的提供者,是文献和用户的中介。在数字时代,用户可以直接与信息的生产者、出版者对话,用户获取信息的自由程度更大,渠道更多,并通过终端即可检索、浏览、获得所需信息。在这种情况下,馆员的角色要从文献传递者,转向信息资源的管理者,馆员的工作将从"检索代理"转向"检索指导",馆员将成为"网络信息导航员",并且可以以信息专家的身份,参与到科研、生产中去。

从上述的变化可以看出,图书馆服务工作随着社会对信息需求的不断增长以及信息技术的快速发展,有一个从传统向现代化、数字化的发展过程。从传统的文献提供服务,发展到知识的重组、信息的导航;从单纯的文献信息服务,发展到社会文化、教育、娱乐中心。图书馆服务的功能和性质在不断发展、变化和提高。但是,无论在传统条件下,还是在数字化条件下,图书馆服务的基本性质,即它的传播知识、交流信息、进行文化教育的作用和性质是不会变化的。

第二节 图书馆信息服务的功能

一、文献传递功能

文献传递是人类社会知识交流的重要途径之一。图书馆工作是以文献为对象,向用户提供知识信息的过程。它的直接目的是通过文献传递和交流,把知识和信息传递给用户。

在科学技术迅速发展的今天,文献信息量急剧增长。为了使人们充分地获得文献,并有效地利用文献,解决文献数量庞大、分布无序与读者要求其有序化之间的矛盾,就要把数量众多的、散乱无序的文献,搜集、整理、加工成有序的知识系列,把一切社会知识纳入一个有效的科学体系中,通过文献信息服务提供给读者,以便建立人与知识、信息之间的联系,发挥文献的最大效用。文献信息服务是人类知识信息交流系统的组成部分之一。

文献信息服务是通过两方面来进行交流的:"一是纵向交流,它是通过文献信息的保存而实现的代际交流。把产生于不同时代的人类知识延续下去,传递给现代的人,也就是说,把不同时代的科学大脑连接起来;二是横向交流,它是通过文献信息的人际交流,把不同地区凝聚着人类知识的文献,在更大的空间范围连接起来。通过纵的和横的两方面的交流,文献信息得以在时间上长久地延续,在空间上广泛地传播开来,使得人类共同创造的知识财富代代相传,促使人类的知识、信息进一步沟通"。

文献传递处于中介地位,它是文献信息的汇集点,又是文献信息的发送源。它以特定的文献信息开展信息传递活动,将个人知识与社会知识互相转化,将文献中凝聚的知识,活化为流动的知识,将文献中潜在的知识,转化为现实的知识,把前人留下的历史知识或综合性的知识,转化为现在人们所需要的实际知识或文化、科学、技术知识,从而促进用户的学习、研究或工作,达到沟通思想、传递信息、促进社会进步的作用。

文献信息服务的中介作用还表现在连接文献和用户。图书馆的一切活动都是围绕着用户开展的。它一方面要使大量的文献找到最需要利用它们的用户;另一方面要使广大用户找到他们最需要、最适用的文献,充分满足读者多样化的需求。信息服务就是要在读者与文献之间发挥中介作用,做到"为人找书"和"为书找人",在用户与文献信息之间起纽带作用。

二、智力开发的功能

智力是人类特有的心理过程,是人们认识能力和实践能力的总和,智力的高低反映出一个人对客观世界认识的正确程度和深刻程度以及解决实际问题的有效程度和水平高低。智力与一个人的知识水平和信息获取能力有很大的关系。图书馆是一个巨大的知识宝库,因为在它所收藏的或从其他渠道获得的文献里面蕴藏着人类所创造的全部知识。信息服务的职责就是将文献中的知识尽最大可能开发出来,使用户通过吸取其中的知识、信息,提高文化素养、道德素养、科学素养,在提高他们的智力水平方面发挥作用。

智力开发即通过一定的手段和方法,提高人们的知识和技能,充分发挥人的智慧、才能与创造性。文献信息服务在智力开发中占有特殊地位,因为智力是由知识激发而成,知识是开启智力的钥匙。用户通过知识信息的学习、利用、思考和诱导,可激发头脑中的潜能,将潜藏在大脑中的能力发展为思考能力、理解能力、分析综合能力、信息观察能力、社交能力、组织管理能力、动手能力、自我控制能力、自我发展能力等,这些能力都是反映个人智力水平的标志。

用户通过图书馆信息服务,可以提高自学能力,养成独立思考、独立钻研、独立探索问题的能力,促进思维意识的觉醒。用户通过自学和阅读,还可以提高口头表达能力和文字表达能力。自学能力的培养和提高也是智力开发的重要内容。

三、辅助科研的功能

文献信息服务在辅助和促进科研方面的功能是显而易见的。在科技迅速发展的今天,信息数量剧增。为了节省科研人员的时间,文献信息服务部门要根据读者的需要,对文献信息进行搜集、检索、筛选、分析和加工,其目的是帮助科研工作者高效率地、准确地获取文献信息,不断扩大读者可利用的文献信息量。这些工作已成为科研工作的重要组成部分,是科研的前期劳动。

其次要有针对性地为读者搜集、筛选、整序所需的文献。网上的文献多而杂,大量冗余信息泛滥,读者往往苦于找不到自己所需的信息,查找和利用文献信息有不少麻烦和不便。图书馆应有针对性地搜集、筛选、整合有关的文献信息,确定文献信息的价值,按专题或专业组成信息导航资料系统,提供或推送给用户使用,给用户以必要的导读。这也是节省用户的时间与精力,提高为科研服务准确性的重要方面。

加快文献传递的速度也是提高为科研服务效率的重要方面,而现代化手段的应用,特别是因特网的开通,使得文献的快速传递成为可能。

四、进行教育的功能

文献信息服务在提高全民族的教育水平、思想品德、文化素质方面也发挥着重要作用。信息服务部门通过文献的流通和宣传辅导、解答咨询等活动来达到教育目的,这种教育不受年龄的限制,成人、儿童都能利用;没有年限的限制,可以长期在图书馆学习、研究;采取自学的方式,具有较大的灵活性、自主性和自选性,可以培养用户的独立性、创造性和开拓性。这种教育形式,涉及的人数众多,学科领域广泛,适用于不同职业、不同文化水平的用户广泛地、长时间地利用,因此是提高全民族科学、文化水平的重要基地。

图书馆向用户进行教育的范围很广,包括:"思想品德教育、专业学习教育、信息意识和信息能力教育、终身教育等"。

图书馆向用户,特别是青少年推荐优秀的书刊,开展各种读书指导活动,使他们从书刊中受到爱国主义精神的感染和熏陶,增强对国家、对社会、对民族的责任感和民族自尊心。通过对祖国悠久历史和灿烂文化的宣传,提高他们的自尊、自信、自强的观念,树立正确的人生观和世界观。要使图书馆成为德育教育的基地。

图书馆在专业教育方面,可配合教学活动向读者提供有关的参考书或国内外参考资料,补充专业方面的新理论、新观点、新成果,扩大相关的知识视野,为他们的自主学习创造条件,促进他们自我优势和创新精神的发展。

在用户信息教育方面,图书馆有着特殊的作用。信息教育首先是信息意识的教育,要帮助用户树立信息主体意识、信息传播意识、信息更新意识、信息守法意识等。使用户树立明确的信息价值观,提高对信息来源、信息价值的认识与开发。其次要进行信息能力的教育,包括:认识到信息有助于解决面临的问题;知道去哪里获取信息;能利用各种检索工具或搜索引擎去查找自己所需要的信息、资料;有分析、理解、评价信息的能力;有网络操作和处理信息的能力;有使用和交流信息的能力等。

现代科技知识更新很快,加快了知识老化的进程。人们要适应新形势、新的工作岗位,就必须随时依其需要,学习新的知识,终身教育成了当今世界生存的概念。

终身教育是学校教育在时间及职能上的延伸,其宗旨是通过不断的学习,使人在价值观念,科技知识,生活能力等方面,都能适应社会,保持同步发展,以适应社会的变化。为了跟上形势发展的需要,接受继续教育、终身教育是非常必要的。除了参加和接受各种专业的业余教育外,利用文献进行自学,提高、充实和更新自己的知识是一种重要的途径。图书馆丰富的文献和优良的学习环境是读者进行继续教育的好场所。

五、文化娱乐的功能

文化教育功能也是图书馆的重要功能,是用户的客观需要,是精神文明建设的重要组成部分。人们在从事本职工作的同时,也需要业余文化娱乐方面的享受,以调节紧张的情绪,舒缓疲惫的身心,松弛神经,愉悦精神,得到精神享受和文化滋养。图书馆具有满足用户文化娱乐需求的各种条件:"有数量众多的休闲读物,安静优美的读书环境,丰富多彩的宣传娱乐活动,可以丰富群众的业余文化生活"。

业余文化可分为两类:一类是高雅文化,反映时代特征和要求,高扬时代主旋律,具有探索性、经典性特征;另一类是通俗文化,能真实反映人们的生存状态、情感和心理,具有普及性、趣味性、娱乐性和实用性,从内容到形式都易于大众接受。用户在工作之余,抱着消遣、娱乐的目的到图书馆来,通过浏览通俗小说、童话故事、科普、旅游、保健、琴棋书画、花鸟虫鱼等方面的通俗读物,达到松弛精神,娱悦情绪,调剂生活的目的。这种文化休闲方式,可以增长知识,开阔眼界,陶冶情操,锻炼意志,增添生活情趣,使用户得到充分的业余文化享受。图书馆要对这种业余文化需要给予积极引导和支持,可以有针对性地开辟休闲书刊专架,开展导读活动等。

图书馆服务还可以提高用户的文化素养。通过图书馆组织的各种活动,将人类优秀的文化成果,将音乐、美术、影视、舞蹈、智力游戏等方面的文献信息传递给用户,或组织多种文化活动,如:文艺沙龙、影视评论、音乐欣赏、诗歌朗诵、人文知识讲座、作家与读者见面会、读书座谈会等,为群众提供高雅的文化生活和文化活动,促使其内化为人们的人格、气质、修养等内在品格,在精神文明建设中发挥重要作用。

第三节　图书馆信息服务的原则

一、以人为本、用户第一原则

以人为本、用户第一的观念是图书馆精神的精髓，是图书馆信息服务的宗旨，是服务工作活力之所在。

以人为本的原则包括下列几方面的含义：

1. "以人为本"，就要利用图书馆的知识、信息，致力于提高广大人民的文化教养、教育水平、精神面貌、道德水平等。"以人为本"这一理念，早在印度图书馆学家阮冈纳赞出版的《图书馆学五定律》里面就已提及。这一原则是高校图书馆开展信息服务必须遵循的法则。它指出高校信息服务工作者在工作中不仅要为读者提供高效率、高质量的信息服务，同时还要想读者之所想，急读者之所急，深入研究读者所需，在服务中处处体现人文关怀精神。高校图书馆员要时刻牢记"为了一切读者，一切为了读者，为了读者一切"的至高无上的服务理念，在信息服务过程中，将读者放在主人翁的位置上，适应和满足读者需要，将服务的注意力逐渐侧重于感情、文化等因素，用实际行动来爱护读者、体贴关心读者、感化读者，让读者切身感受到他们就是上帝。如果高校图书馆信息服务人员能将人性化的方法和理念作用于读者的行为和心理，挖掘和激发读者的潜能和创造性，就能引领他们去实现既定的目标。

所以，高校图书馆信息服务工作人员任重而道远，因为他们不仅要引领读者还要团结起来彻底改变"坐等读者上门""信息资料重藏轻用"的错误理念和服务方式。高校图书馆信息服务质量的高低取决于服务工作者是否将人文精神融入其中，只有这样才能将"以人为本"原则完美的体现在当代信息服务工作之中。

2. "用户第一"就是要以用户为中心，千方百计满足用户对信息的需求。要想用户之所想，急用户之所急，让用户以最少的时间和精力，获得最新、最适用的知识、信息。

3. 树立"服务至上"的精神，要理解用户，关心用户，尊重用户，爱护用户。服务态度要和蔼、诚恳、热情、认真，对用户的提问或要求，不仅要有"百问不烦"的服务精神，还应有"百问不倒"的业务技能和业务素质。

4. 图书馆的一切工作都要围绕用户服务而开展，以"用户第一"的观念作为一切工作的着眼点。要树立全馆协作的精神,倡导一线为用户服务,二线为一线服务,后勤为业务部门服务,领导为全馆服务的"一盘棋"观念,才能有效地、高质量地为用户服务。

二、主动服务原则

所谓主动服务,就是指图书馆以社会和用户的文献信息及其他文化、教育、休闲需求为核心,以积极的态度和服务精神,采取各种措施和手段主动地为社会服务,主动性服务是积极的服务思想的反映,体现出图书馆员的奉献精神和对图书馆的事业心。

图书馆主动服务的内容有:

1.图书馆应由文献资料的收藏者转变为知识信息的生产者、开发者

生产、开发有特色、实用、能上网服务的数据库及馆藏资源网上公开查询和浏览系统,大馆有实力可自行建立,小馆可与相关做信息资源数字化的公司合作。

2.网络资源导航

图书馆工作人员可利用自身收集、综合、分析、判断与整理信息能力的专业优势,开发利用网上资源,拓展图书馆服务,将网络信息分门别类地整理,提供给用户,担负起组织加工、检索导航的职责。具体实践时可立足本单位学科特色、主要研究方向、重点课题以及用户特点等进行收集归类。如中国医科大学图书馆将网络信息分为:"一般主题指南、医学专业性指南、一般查询引擎与医学查询引擎、免费网址、电子期刊、数据库、国内热门站点、国外院校等",深受用户欢迎。

3.用户培训

在网络环境下,图书馆的教育职能与情报服务职能可更好地结合,如为用户举办讲座和培训班,普及网络知识和检索技能,介绍上网常见问题及解决办法,推荐优秀网络搜索引擎等。这种服务的结果,就是提高了用户自我服务的能力,图书馆的情报服务职能也因此得以实现。

4.继续开展传统的主动服务并利用新的技术改善其质量

传统的主动服务形式比如定题服务、新书通报服务、剪报服务、中英文期刊目次通告服务、馆际互借服务等,在图书馆服务中取得了很好的效果,以后仍然要十分重视。在网络环境下,还可借助网络与通讯的优势,改善这些传统服务中存在的问题,开展新的更高质量的服务。

5.追踪用户需求的变化,做好机动性主动服务

倡导主动服务,对图书馆和图书馆员提出了更高的要求。

(1)要从理性上认识到开展主动服务是图书馆职责所系:

为用户服务是图书馆工作者"为人民服务"的具体体现,而主动服务则是达到"完全""彻底"这一崇高境界的一次升华。在人类社会生活中,人与人之间会形成各种内容、各种形式的服务和被服务的关系,正是这种关系,保证了人类社会这部大机器得以正常运转,保证了社会生活呈现出千姿百态并不断地向前发展。这便是所谓的"人人为我,我为人人"。社会分工的结果,作为人类社会生活这部大机器中的一个组成部分的图书馆,以向人们提供知识信息等服务为己任。任何一个图书馆工作者,不管当初是自己选择了图书馆还是图书馆选择了自己,既然已是这支队伍中的一员,就应该热爱这个事业,并把自己的全部精力和才智贡献给这个事业。由于现在还有许多民众不了解图书馆,不了解图书馆的服务,我们就应该义无反顾地通过主动服务去宣传图书馆,吸引更多的人来利用图书馆。这是我们的职责所系,也是我们自身存在的价值所在。

(2)图书馆服务人员应具备良好的心理素质:

图书馆服务的过程是馆员和用户共同参与的过程,也是图书馆与他们之间进行交流和沟通的过程,双方应具有良好的心理和感情的联系,达到提高图书馆资源利用率并确保用户获得良好的利用效果这个最终目的。因此,馆员应与用户建立起相互信任的情理相容关系,充分体现图书馆资源利用人人平等,所有用户一视同仁。只有这样,才能为顺利开展服务工作创造必备的条件与环境。主动服务,意味着在接待用户的过程中,尊重用户的意愿和意见,充分利用现有条件和积极创造条件,开展尊重用户的各种活动。通过日常接待和座谈、问卷等形式,主动与用户进行心理沟通,与他们在心理上进行"角色互换",从而建立心心相印、相互依赖的牢固心理基础,使图书馆充分依赖与用户的心理联系,深刻领会和理解其需求,主动提供文献信息等资源,促进图书馆资源的开发和利用。

(3)馆员要有较高水平的职业素养:

图书馆服务特别是文献信息服务是一种具有学术性、理论性、技术性及创造性的工作。但现代社会和科学技术发展迅猛,人们的需求范围越来越广泛,求知面越来越宽,个人需要的文献信息越来越专业,对图书馆的要求也越来越高。图书馆员的水平不高,就不能圆满地解决用户提出的问题,或者不能很好地满足用户的要求,也就不可能深度开发和利用图书馆资源。因此,要主动提供服务,就要求馆员具有广阔的知识面,掌握文献信息整理、检索、开发的职业技能,特别是要熟练掌握

现代信息技术,适应时代和用户需求的发展。

三、开放原则

图书馆自诞生之日起,从封闭到局部开放再到全面开放,经历了漫长的演变过程。开放服务已成为现代图书馆的重要特征。开放是服务的前提,开放原则是图书馆服务的首要原则,没有开放便无服务可言。现代意义上的图书馆开放,是一种全面开放,包括资源开放、时间开放、服务对象开放和馆务公开。

1. 资源开放

指把图书馆的所有馆藏资源(包括实体馆藏和虚拟馆藏)、人力资源和设施向用户开放。资源开放的内容及要求有:"①所有馆藏全部开放利用。②尽最大努力实施开架借阅。③经常进行馆藏宣传(如新书通报)。④图书馆之间相互开放资源,实现资源共享。⑤馆内所有设施(如书库、展览厅、视听室等)向用户开放。⑥全面揭示馆藏,健全检索体系等。⑦全面实行全员服务"。

2. 时间开放

指最大限度地延长用户利用图书馆的时间。西方一些发达国家的公共图书馆,不仅保证天天开馆,而且保证从早晨至午夜的开馆时间。我国的国家图书馆和上海图书馆也实行"365 天,天天开馆"。图书馆服务的时间开放要求做到:"①节假日和公休日不闭馆,即"图书馆无休息日"。②馆内开展任何公务活动都不影响正常开馆。③保证开馆时间的完整性或连续性,避免中断"。

3. 服务对象开放

指图书馆不分国籍、种族、年龄、地位等,向所有人开放。图书馆不仅仅是一个阅读场所,也是人们观光、交谈、休闲、娱乐的场所,是具有综合功能的社会文化中心。图书馆服务在文化层面上具有不可或缺的存在价值,它沟通了人与人之间的感情联系,也提供了人们相互交流的场所。正如原国际图联图书馆建筑与设备委员会主席 P. J. 舒茨先生所说:"不少读者来到图书馆,并不一定是为了想看某一特定的东西,而是随便浏览一下,看看有什么值得一看的东西,或者只是来会会老朋友,他们把图书馆当成了第二起居室"。图书馆向社会上所有的人开放应成为现代图书馆服务的最具吸引力的魅力所在。

4. 馆务公开

凡是与用户服务有关的决策(如有关制度、规定、做法等)过程及其结果应向用户公开。馆务公开既是图书馆决策民主化的需要,也是图书馆服务取信于用户的需要。

实行馆务公开要做好以下几方面工作：

（1）制订馆务公开制度：

对需要公开的事项、公开的时间、公开的方式等，做出明确规定，使其制度化。

（2）建立用户参与管理、参与决策的机制：

凡是与用户利益相关的重大事情，都应事先征求用户意见，并在可能的情况下让用户直接参与决策过程，为此应设立"读者监督委员会"之类的非常设机构。

（3）公开用户监督途径：

如公开用户监督电话（首先应公开馆长电话）和 E-mail 邮箱，设立用户意见箱，公布领导接待用户日等。

（4）公开接受用户评价：

图书馆服务工作的好坏，主要评价主体应该是用户，用户是否满意是衡量图书馆服务工作好坏的主要标准之一，在组织图书馆评估时，应设有"用户满意度"指标，并使这一指标在整个评估指标体系中占有足够的权重。

四、充分服务原则

充分服务就是要求图书馆服务工作人员，全面开发利用图书馆资源，最大限度地满足用户需求，充分发挥图书馆为社会服务的职能。由于图书馆资源是社会共同的财富，每个社会公民都享有充分利用的平等权利，而且文献资源也是一种软资源，它与其他的物质资源有着明显的不同，其最显著的特点就是必须在应用中实现其自身的价值，如不及时应用，则很可能失去其存在的生命力。因而，它是一种活资源，文献信息的使用频率越高，其社会价值就越大，所发挥的作用也越大。因此，充分服务是图书馆事业发展的必然趋势，是社会对图书馆服务工作的客观要求。

要做到充分服务，必须做到以下几点：

1. 要扩大图书馆服务范围，提高文献利用的普及率

图书馆是社会文献信息传播与交流机构，各类型的图书馆，除了向本单位本系统用户提供服务外，还应该向社会开放，为所有的社会成员服务，以扩大文献信息利用的覆盖面，尤其是在市场经济条件下，社会经济活动中的主体成分应成为图书馆服务的主要对象，要采用多种方式，运用公关艺术，尽量扩大用户范围，增加用户数量，提高文献信息利用的普及率。

2. 要做好图书馆资源的开发、利用和宣传报道工作

广泛、深入地揭示、宣传、报道文献信息,是图书馆服务工作多层次、多途径开发利用图书馆资源的有效措施。图书馆应加强文献信息的开发利用与宣传报道工作,从大量的文献中开发出符合现实需要的、有用的、重要的文献信息,并及时让读者了解文献信息的收藏及开发利用情况,吸引更多的用户利用图书馆资源,把"静态"的文献内容变为动态的、多方面的、多层次的知识信息,从而把图书馆这座知识的宝库,变为人人都能利用的"知识喷泉"。

3. 要注重用户需求的发展与变化

用户需求是图书馆服务工作的原动力,充分服务原则的基本出发点,就是要挖掘一切潜力,调动一切因素,千方百计地满足用户需求。因此,图书馆服务必须注重用户需求的发展与变化,尤其是要注重在充分满足用户现实的文献需求基础上,激发用户的潜在需求(包括现实用户未表达出来的文献需求和潜在用户的文献需求)。目前,我国图书馆在用户服务过程中,往往比较注意用户的现实需求而忽略了用户的潜在需求,有的在不了解用户需求变化的情况下闭门造车,生产出一些针对性不强、质量不高、实用性不大的信息产品,造成了图书馆资源的浪费。由于图书馆和用户之间缺乏沟通和了解,许多用户有文献需求但求助无门,大量的潜在需求被拒之于图书馆大门之外。而图书馆丰富的资源又无人问津,要改变这种状况,就要深入社会各阶层中去、深入用户中去,及时了解和掌握用户需求的发展与变化,并不失时机地向社会各界大力宣传图书馆的社会职能,包括用户文献需求服务的内容和功能、人才、技术、力量、业务范围等,为用户搭起一座文献信息的供需桥梁,源源不断地向用户输送丰富的知识和信息,从而使大量的、潜在的用户转化为图书馆的现实用户,使用户潜在的文献信息需求转化为现实需求,并以最大的努力来满足用户的这些需求。

五、区分服务原则

区分服务就是要求图书馆服务人员根据用户的不同需求特点,采取不同的服务方式,提供不同内容、不同范围、不同层次的文献信息,换一句话说,就是根据用户不同的需求特点,尽可能提供个性化的服务。它是由图书馆服务机构的性质、任务和服务方式的多种功能所决定的,是由多层次、多级别的藏书结构与用户结构决定的,也是由图书馆的各项社会职能决定的。

1. 区分服务要建立在对用户和馆藏资源的基本分析这个基础上

图书馆的馆藏文献资源及其使用,是一个多级别、多层次的动态结构。馆藏文献的内容性质,有不同学科、不同类别之分;馆藏文献的形式,有不同装帧和文种之分;馆藏文献的使用,有流通、参考、备查和保存之分。不同类型的馆藏文献,有不同的使用条件和特点,应区别对待。用户及其需要也是一个有层次的动态结构。不同的用户,对图书馆资源的需求不但是多级别的,而且是发展变化的。针对他们的需求,同样需要分别予以满足。

2. 这个原则是由图书馆服务组织和实施方式的多样性决定的

根据用户的需要和馆藏文献与设备资源的特点,图书馆分别设置了多个服务部门,根据用户不同的需要开展借阅服务、咨询服务、检索服务、复制服务、上网信息检索服务、视听服务、编译服务等,这一切都是为了满足不同用户的需求和同一用户不同的需求。

3. 区分服务的原则是实现图书馆各项社会职能所要求的

总体上讲,图书馆有收藏职能、教育职能、信息职能、文化娱乐职能等。就教育职能而言,又可分为一般教育、专业教育、技术教育、思想教育、综合教育等。只有区分服务才能达到应有的教育效果,促进人才的成长。就信息职能而言,为教学、科研、生产服务,"广快精准"地传递文献信息,开展对口跟踪服务、定题服务,实际上就是一种区分服务。就文化娱乐职能而言,从内容到形式,要满足各类型用户千差万别的需要,必须贯彻区分服务的原则。

因此,图书馆的区分服务是图书馆服务深化的结果,是图书馆服务发展过程中必然会产生的,也是图书馆适应社会的新需求而产生新的社会功能的结果。

必须明确,区分服务与充分服务并不矛盾,区分服务是建立在对用户和资源进行系统分析的基础上,根据不同用户的需求开展多样化服务,这正是充分服务的表现。但不应该严格按用户的成分(职业、年龄、文化程度等)区分服务,甚至搞所谓"对口服务",什么职业用户就看什么专业书,这不仅不利于充分发挥馆藏文献信息资源的作用,对于用户阅读需求亦由于出现某种限制,而违反信息平等,阅读自由的基本原则。

六、特色服务原则

由于图书馆的性质、任务、服务对象或地域的差异,导致各个图书馆在信息资源的搜集、藏书建设、服务组织、服务方式、环境设施、经营管理等方面,呈现出独特的内容或风格,显示出图书馆的特色。特色服务一般以特色信息资源为基础,是专业性、专题性或专指性的服务。

特色服务是图书馆实现主要服务目标,确定各自定位的重要措施,也是图书馆提高服务质量,深化服务效果的重要途径。如:"北京东城区图书馆基于本地区的服装业比较发达,建立了服装资料馆,搜集国内外有关服装方面的各种信息资源,推荐给各服装厂商利用。北京西城区图书馆针对本地区文化景点较多、旅游资源丰富的特点,定位于旅游业资料方面,按旅游动态、中华名胜、京城景点、谈北京、京城特色服务等类别,搜集、整理并向用户推荐、使用有关的信息资源"。前来利用的用户很多,占到馆用户的40%。特色服务是有针对性地满足特定用户的特殊需要的重要手段。

特色服务是吸引用户,提高图书馆社会地位的重要手段。如:"上海黄浦区图书馆设立了音艺厅,搜集各种音乐资料、音乐唱片,在音艺厅经常举办专题音乐欣赏会,周末音乐演唱、演奏会等,吸引了各阶层的大批音乐爱好者,提高了广大用户的艺术素养,强化了图书馆作为文化中心的功能"。同时,用户对图书馆的社会作用也有了新的认识,从而提高了图书馆的社会地位。

特色服务使图书馆由被动服务变为主动服务,强化了服务的针对性,体现了"用户为主"的原则。处于科学技术研究前沿的用户,他们获取信息的最大特点是对信息的选择性和特殊性。他们需要的是个性的、特色化的、专业化的文献信息,图书馆要高度重视他们特殊的信息需求,并采取特殊手段和方式,选择具有特色的信息资源,有针对性地开展特色服务。

特色服务与区别服务是相辅相成的。特色服务工作中,必须针对用户的不同文化程度、不同的工作性质、不同的年龄和性别,利用不同内容和性质的文献,采用不同的服务方式,有区别地开展工作。特色服务的核心是提高服务工作的针对性,从多层次、多角度满足用户的个性化、特色化的需求。特色服务是适应市场经济需要,强化图书馆自我发展的重要途径。

七、创新服务原则

阮冈纳赞在其《图书馆学五定律》一书的第五定律中提出:"图书馆是一个生长着的有机体"。他认为:"生长着的有机体吐故纳新,改变大小,形成新的形状和结构"。作为一种机构的图书馆,它所收藏的文献信息、用户的信息需求以及馆员的业务能力和业务水平都是在不断增长、不断变化着的。这种变异过程,最终将导致新的图书馆形态和结构的形成。"生长着的有机体"最大的特点就是要不断地创新。

1. 要创新,就要树立创新意识

在图书馆信息服务中要转变观念,侦图书馆服务从封闭走向开放,从被动走向主动,从单一化走向多元化,从"重藏轻用"走向"重开发、使用",从限制用户改为面向用户、方便用户。服务观念的转变和更新,是实现创新的前提。

在当今知识经济社会,知识成为最主要的资源,最重要的资本。知识就是财富,而图书馆是聚集知识信息的大宝库。要使各种知识信息转化为现实的生产力,就要转变服务观念,树立创新意识,使图书馆的信息服务在思想、观念上适应经济社会发展的步伐和需要。

2. 要创新,就要敢于标新立异,独辟蹊径

特别是电子出版物和因特网的广泛应用,为图书馆的服务创新提供了广阔的道路。利用新的技术平台,不断开拓新的服务领域,把图书馆服务的触角伸向社会各个领域,如:"电子论坛、远程教育、社区文化活动等",在更广阔的领域开展知识、信息服务。

图书馆要在创新中求发展。以创新促发展,在发展中不断创新、前进。创新与发展是互相作用的。

八、资源共享原则

当今世界各种信息大量涌现,人们常用"信息爆炸"来形容信息量的迅速增长。而图书馆的经费有一定的限度,任何图书馆没有必要,也没有可能全面搜集、存储各种信息资源。而要满足社会和用户日益增长和不断扩大的信息需求,就必须树立资源共享的观念,走资源共享的道路。

资源共享是继承、传播人类知识的需要。资源共享是一种范围广泛的知识、文化传播活动,它能跨越时空,无论何时、何地都能最大限度地满足用户对知识、信息的需求,消除彼此隔绝的状态,使信息的获取和利用走社会化的共知、共享的道路。这将有力地促进人类知识的继承和发扬。

资源共享促进区域文化走向全球文化。信息网络连接起全球各个地区。各个国家,随着不同社会、不同国家之间交往的加强,人们意识到,只有知识、信息、文化的相互交流,取长补短,协调合作,才能实现人类的共同进步和发展。这种全球意识也促进了各国之间以及国内各图书馆之间,走合作的道路,发展信息资源的共

知、共建、共享。

第四节 图书馆信息服务的模式

图书馆信息服务的模式概括起来,可分为:"传统服务模式、自动化服务模式、数字时代的服务模式"。

一、传统服务模式

传统服务模式是藏与用相结合的模式。它以纸质印刷型文献为主,通过读者到馆借书、阅览或图书馆送书上门来传递文献,各种流程以手工操作为主。传统服务模式以阵地服务为主,注重文献的外借和阅览。它大多以整本书刊为传递的对象,忽视对文献中知识单元的开发和深加工。

传统服务模式从服务方式来划分,有:外借服务、阅览服务、馆际互借、复制服务、文献报道服务、文献宣传服务、文献检索服务、文献开发服务、参考咨询服务、读者教育服务等。

传统服务模式从文献的级次来划分,可分为以下几种:

1. 一次文献服务

主要是满足读者对整本书刊的外借、阅览等需要,这是最基本的也是初级的服务工作。

2. 二次文献服务

主要是为读者搜集、检索、通报特定的文献信息,满足读者科研工作中对二次文献的需要。服务方式有:"新书报道服务、定题检索服务、科技查新服务、参考咨询服务等"。

3. 三次文献服务

根据集体的或个人的需要,针对科研工作、技术攻关或领导决策中的重点问题、热点问题,搜集、筛选有关的文献信息,经过分析、综合、归纳、推理等一系列研究,提出具有重要情报价值的三次文献。这是一种高级水平的服务工作,其方式有:"情报调研、综述、述评等"。

二、自动化服务模式

由于图书馆自动化的应用和发展,图书馆的采编、流通、典藏、检索及内部管理均实现了自动化。在自动化条件下,以印本文献传递为主导的服务,如外借、阅览、检索等服务,已不占主导地位,而以用户为中心的主动服务将取而代之。自动化服务的最开始和最常用的服务方式是:公共目录查寻服务,联机数据库查寻或检索服务,光盘、数据库远程检索服务,文献传输服务等。自动化流通系统的运用,使得文献信息服务的效率大大提高。随着信息技术的发展和服务经验的积累,当前,自动化服务发展了下列一些服务模式。

1. 集成化服务

集成化服务是根据某一特定领域或某一特定用户的需要,把各种信息资源,包括文字型、数值型、视频型、音频型、磁盘、光盘等,有机地链接成一个整体,使用户得到面向主题的信息服务。这种服务超出了传统图书馆的馆藏条件和技术能力,要求在检索文献线索,获取原始文献后,对信息内容进行深度分析、综合加工,为用户提供知识内容增值的信息产品。集成化信息服务有三个层次:"信息资源的集成、信息内容的集成、信息技术的集成,实现检索、筛选、分析、加工和提供的链接,实现各种服务方式的有机结合"。

2. 一体化服务

传统图书馆的服务一般是多部门分块服务,外借部门只管书刊的外借,期刊部门只管期刊的借阅,咨询部门只管咨询,各部门之间缺乏协调,用户在图书馆内要跑好几个部门才能满足需要。一体化服务是目前许多图书馆追求的一种服务模式,它能集信息检索、信息查询、信息提供、信息发送、全文浏览、数据下载等多种功能为一体,使用户在一个地方即可获得全面服务,极大地方便了用户,是一种较理想的信息服务方式。开展一体化服务,要树立大服务的观念,做到横向联合、内外联合、资源共享,才能满足用户的要求。

3. 个性化服务

是针对每一个用户独特的信息需求,进行独特的、有针对性的服务。图书馆根据用户不同的信息需求,进行信息过滤、信息分流,筛选出用户最需要的信息资源,并提供全文文献。然后通过数据下载、电子邮件、信息推送、个人网页等方式,将用户所需信息发送给用户使用。

4.精品服务

图书馆为了吸引用户,越来越重视信息的浓缩加工,加大信息的深度和知识含量,而不是数量的多少。精品信息服务以信息的内在质量为保证,提供高质量的信息资源服务。开展精品服务,要从内容着手,提高信息服务产品的知识含量和内在品质。精品服务包括三个层面:从大量信息中,去粗取精、去伪存真,挑选精品;对每一条有用的信息要挤出水分,留下精髓,即信息浓缩;对所有信息进行综合分析,提炼出对用户真正有用的知识信息。

三、数字时代图书馆服务模式

现代通信技术的发展,将众多的计算机连接在一起,单个的图书馆成为网络中的一个节点,图书馆信息服务的整体优势极大地加强了。网络提高了文献信息存储与传递的能力,使大规模、整体化开发和利用信息成为可能。我国图书馆的数字时代服务工作处于方兴未艾的阶段,各个图书馆都在不断摸索,不断创新,不断积累经验,以适应新技术、新形势发展的要求。

数字时代的图书馆服务模式主要有以下几种:

1.图书馆主页服务

目前,国内各图书馆的主页内容包括:"本馆概况、机构设置、馆藏布局、服务项目、书目查寻、新书介绍、电子信息资源检索、网络信息导航等"。国外图书馆的主页有的还包括:"工作计划、工作进展、新闻发布、本馆各种信息产品的利用和检索、网上相关信息源的链接、网络信息导航系统等"。通过图书馆主页,可向用户展示本馆所拥有的各种信息资源及各种服务内容、服务方式,还可以链接到国内外各大图书馆的网页,扩大用户获取信息资源的范围和渠道。

对图书馆主页的要求有五个方面:

图书馆主页要有友好、便捷的界面,方便用户进入主页,并利用主页中的各种服务项目;要能将书目文摘信息、全文电子图书、全文电子期刊和图像信息等,快速传递给用户;具有多种类、多检索点的检索工具,有先进的信息处理、信息分析系统;馆员可以通过网络帮助用户查询信息资源或解答用户提出的各种问题;可以全天候开展服务。

2.专题信息导航服务

图书馆利用各种搜索引擎,将网上与某一专题或主题相关的节点进行集中,按照方便用户检索的原则,向用户提供有关资源的分布情况,指引用户去查找和利用。这样建立起来的信息服务系统,称为专业信息资源导航库。建立专业信息资源导航库,可以节省用户查找信息线索的时间,使用户能够很方便地获得与自己有关的资料,有效地利用网上的信息资源。

3.信息推送服务

用户向某一个数字图书馆申请一个账户,并提交自己所需信息的对象、专业范围、时限、检索词及检索策略等,形成自己对信息需求的描述和要求。图书馆根据用户选定的专题和要求,按照指定的时间间隔,或根据科学技术的新进展、新成就、新情况,主动将网上的信息资源,通过固定的频道向用户推送。信息推送是利用计算机数据发布技术,将需要传递的信息内容。采用多点播送或多址发送的方式,将信息传递给用户。

第三章　信息检索服务

第一节　信息检索概论

一、信息检索服务的概念

信息检索服务的概念通常与信息检索及文献检索混淆,但它们是不同的,前者指的是服务理念,而后者更多指的是技术和过程。对它们的区分,可以更好地理解信息检索服务,也有助于图书馆信息服务的开展。

(一)信息检索

1. 相关概念

信息检索(information retrieval)是指将信息按一定方式组织和存储起来,并针对用户的需求找出所需要信息的过程和技术。它又称为信息存储与检索(information storage and retrieval)。

对于信息用户来说,信息检索仅指过程的后一部分,即信息的查找过程(information retrieval)。信息检索的目的是解决特定的信息需求和满足信息用户的需要。它根据检索(查找)对象的不同,又可以分为文献检索、事实检索和数据检索,文献检索是传统检索服务中为用户提供的一种常见形式。

文献是用文字、图形、符号、声频、视频等技术手段记录人类知识的一种载体。文献不仅包括各种图书和期刊,而且还包括会议文献、科技报告、专利文献、学位论文、科技档案等各种类型的出版物,甚至包括用声音、图像以及其他手段记录知识的全部现代出版物。文献检索(document retrieval)是以文献为检索对象,从已存储的文献库中查找出特定文献的过程。

文献检索原理采用的是"匹配"模型。由文献特征构成的文献检索标志被认为完全反映了文献内容，而由提问特征构成的检索提问则反映了情报用户需求，因此二者的匹配程度就是文献的相关程度，相关文献就是在某种程度上匹配的文献。

2. 信息检索的发展

信息检索起源于19世纪下半叶图书馆的参考咨询和文摘索引工作，至20世纪40年代，索引和检索成为图书馆独立的工具和用户服务项目。1946年世界上第一台电子计算机问世，计算机技术逐步走进信息检索领域，并与信息检索理论紧密结合起来；脱机批量情报检索系统、联机实时情报检索系统相继研制成功并商业化。20世纪60—80年代，在信息处理技术、通信技术、计算机和数据库技术的推动下，信息检索在教育、军事和商业等领域高速发展，得到了广泛应用。Dialog国际联机检索系统是这一时期信息检索领域的代表，至今仍是世界上最著名的系统之一。21世纪以来，随着信息检索理论和实践的更新发展，人们对信息检索的认识也不断发生变化。信息检索经历了手工检索、计算机检索到目前网络化、智能化检索等多个发展阶段。

信息检索通常指文本信息检索，包括信息的存储、组织、表现、查询、存取等各个方面，其核心为文本信息的索引和检索。目前，信息检索已经发展到网络化和智能化的阶段。信息索的对象从相对封闭、稳定一致、由独立数据库集中管理的信息内容，扩展到开放、动态、更新快、分布广泛、管理松散的Web内容；信息检索的用户也由原来的情报专业人员，扩展到包括商务人员、管理人员、教师、学生、各专业人士等在内的普通大众，他们对信息检索从结果到方式提出了更高、更多样化的要求。适应网络化、智能化和个性化的需要是现阶段信息检索技术发展的新趋势。

3. 信息检索技术主要热点

（1）智能检索或知识检索：

传统的全文检索技术基于关键词匹配进行检索，往往存在查不全、查不准、检索质量不高的现象，特别是在网络信息时代，利用关键词匹配很难满足人们检索的要求。智能检索利用分词词典、同义词典、同音词典改善检索效果；进一步还可在知识层面或者概念层面上辅助查询，通过主题词典、上下位词典、相关同级词典，形成一个知识体系或概念网络，给予用户智能知识提示，最终帮助用户获得最佳的检索效果。智能检索还包括歧义信息和检索处理，将通过歧义知识描述库、全文索引、用户检索上下文分析和用户相关性反馈等技术结合处理，从而高效、准确地反馈给用户最需要的信息。

（2）知识挖掘：

目前主要指文本挖掘技术的发展，目的是帮助人们更好地发现、组织、表示信息，提取知识，满足信息检索的高层次需要。知识挖掘包括摘要、分类（聚类）和相似性检索等方面。

自动摘要就是利用计算机自动地从原始文献中提取文摘。在信息检索中，自动摘要有助于用户快速评价检索结果的相关程度。在信息服务中，自动摘要有助于多种形式的内容分发。

自动分类可基于统计或规则，经过机器辨认形成预定义分类树，再根据文档的内容特征将其归类；自动聚类则是根据文档内容的相关程度进行分组归并。自动分类（聚类）在信息组织、导航方面非常有用。

相似性检索技术基于文档内容特征检索与其相似或相关的文档，是实现用户个性化相关反馈的基础，也可用于去重分析。

（3）异构信息整合检索和全息检索：

在信息检索分布化和网络化的趋势下，信息检索系统的开放性和集成性要求越来越高，需要能够检索和整合不同来源和结构的信息，这是异构信息检索技术发展的基点，包括支持各种格式化文件，如 TEXT、HTML、XML、RTF、MSOffice、PDF、PS2/PS、MARC、ISO2709 等处理和检索；支持多语种信息的检索；支持结构化数据、半结构化数据和非结构化数据的统一处理；数据库检索的无缝集成以及其他开放检索接口的集成等。

所谓"全息检索"的概念就是支持一切格式和方式的检索，从目前实践来讲，发展到异构信息整合检索的层面，基于自然语言理解的人机交互以及多媒体信息检索整合等方面尚有待于进一步突破。

随着互联网的普及和电子商务的发展，企业和个人可获取并需要处理的信息量呈爆发式增长，而且其中绝大部分都是非结构化和半结构化数据。内容管理的重要性日益凸现，而信息检索作为内容管理的核心支撑技术，随着内容管理的发展和普及，将应用到各个领域，成为人们日常工作生活的密切伙伴。

（二）信息检索服务

信息检索广泛地应用在经济社会各领域，对提高管理和服务效率起着重要的作用，而图书馆信息检索服务注重的是在用户的信息需求与丰富的信息资源之间建立一种有机的联系。

用户的信息需求有潜在需求、认识需求和表达需求三个层次。表达需求是用户能够表达出来的需求,需求明确;认识需求与潜在需求是用户认识到,甚至是没有认识到的需求。针对用户不同层次的信息需求,信息检索服务有不同的方法。

数字时代的信息检索服务是以 Web 网站为依托的信息检索服务,利用广泛的数字信息资源,根据用户特定的信息需求,主动地提供信息的服务系统。它有机地将用户信息需求和信息资源结合起来,是以用户为中心的服务理念的体现。

信息检索服务与信息检索这两个概念最大的不同在于信息检索服务是以用户需求为中心,并用一定的服务理念与方法去解决问题,有经营理念与相应的对策方法,是从整体考虑的。而信息检索则相对单纯。当然,信息检索技术是基础,图书馆要做好信息检索服务,需要时刻跟踪与利用信息检索技术的最新发展成果。

(三)数字时代信息检索服务特点

1. 信息检索服务的核心理念是"以用户为中心"

传统图书馆是以发展完备的馆藏为主要目的,信息检索以严格的信息揭示和有序化的信息组织为基础的,信息系统以完善的系统建设为主要任务,适合熟练的工作人员使用,"机械观"的建设与服务理念占主导地位。对用户来讲,这些系统是复杂的、高深的,使用信息需要付出昂贵的代价。但随着社会大环境的变化,"以人为本"的思想也被引入到信息系统的建设中,尤其在数字时代,人人可以自由、平等地利用信息的观念深入人心,信息检索服务贯彻"以用户为中心"的理念,主动性的信息检索服务类型不断地推出,服务水平也不断提高。

2. 信息检索服务为用户提供过滤后的信息

数字时代,信息资源数量激增,图书馆馆藏建设受到网络信息资源、网络期刊等的冲击,人们获取信息不再是单一地面对纸质文献,而是更多地面对数字文献。特别是在互联网上,用户可以获取网络发行出版的书刊原文,包括印刷出版物的电子版以及电子版发行的出版物,其中相当多的网络书刊免费提供网上阅览。目前,中国免费网络期刊信息已达数百种,收费信息覆盖 6000 多种期刊。互联网上中文免费图书和收费图书约达 30 万种左右。传统的联机检索也开始利用互联网提供信息服务。如美国的 OCLC 提供廉价、便利的检索服务及期刊原文。政府、高等院校、公司、商业机构等各行各业的信息也纷纷提供网上查询。世界各地数以万计的图书馆提供书目数据库网上检索,网络正在将全球变成一个巨大的数字图书馆。此外,遍布世界的以亿为单位的互联网终端用户既是信息的使用者,又是信息的生产者。数字信息的载体、类型、发布、传递、检索等都与传统文献有着天壤之别。

在信息资源无限扩大的今天,图书馆信息检索服务以提供有价值的信息为己任,为用户提供的是经过过滤、判断后的真信息、有价值的信息,这是其他网络信息检索工具不能比拟的。

3.信息检索服务以信息资源的充分利用为目的

早期的信息系统拥有大量的信息,这些信息被很好地处理、加工与存储起来,但这些信息更多的是被保存起来而不是方便用户的使用,用户获取信息非常不方便。而数字时代信息资源被认为是与物质、能源、材料一样重要的生产要素,其价值得到认识。为了提高信息资源的利用率,各图书馆、信息中心采取各种信息检索服务提高信息资源的利用率。

4.信息检索服务是一个有着生命周期的系统

列维坦认为,信息生产的生命周期是由信息被记录下来,从而成为信息源开始的。信息源是信息生产生命周期的基本单位,信息是载体与信息内容的结合,两者不可分割。信息源在反复的使用过程中,不断地被确认,并增加存取它的制度性和物理的机制,包括存储设施、各种法律、组织和经济的规定。这就构成了信息生产生命周期的制度化阶段,信息资源就是信息制度化的结果。

从收集信息到使用信息是一个完整的生命周期,在使用信息的过程中,了解到新的信息,进行新信息的采集,从而开始新的生命周期。只有将上述过程所有环节的工作做好,才能使用户在需要信息的时候,以最有利的时间、地点和方式,顺畅地获取信息和使用信息。

信息检索服务生命周期是自然的信息生命周期和用户需求有机结合的一种抽象模型。具体表现为对于那些用户表达出来的需求,信息检索服务通过信息推送、个性化定制等服务实现;对于那些用户认识到的普遍需求,信息被分门别类地组织好;对于那些用户潜在的信息需求,信息系统通过建立知识库等方式满足用户的需求。用户信息需求总是被图书馆工作人员不断地感知、认识、再认识,形成一个良性循环的生命生长周期。

二、信息检索服务的作用

信息检索服务是图书馆信息服务的基础性工作。它的第一个作用是系统地组织图书馆信息资源。图书馆提供信息检索服务利用的不仅是馆内的资源,也包括网络信息、电子期刊等数字信息的内容。信息检索服务是在组织好的馆内、馆外两种资源的基础上进行的,因而通过信息检索服务可以有机地整合各种信息资源,系统地建设图书馆的信息资源,完善图书馆的馆藏。

其次,为用户提供系统的信息资源。由于检索人员对信息资源的熟识,对检索方法与检索技巧的了解以及对信息资源的甄别能力,能帮助用户系统地采集文献和相关的信息。

信息检索服务是开展深层次信息服务和其他各项信息服务的基础。信息资源的开发与利用是数字时代图书馆信息服务的主旋律,深层次的信息服务以及其他各种类型的信息服务的开展是建立在工作人员对图书馆信息资源熟悉,并经常检索应用的基础上的。

三、信息检索服务的类型

用户信息需求可以划分为表达需求、认识需求、潜在需求三个层次,"以用户为中心"的信息检索服务类型也可相应地分为三种:

1. 根据用户表达出的需求进行的检索服务

它主要是满足用户特定的信息需求,图书馆可以通过定题检索服务、个性化信息检索定制服务等方式为用户服务,查新检索服务由于是根据用户明确提出的查新需求进行的服务,也可并入此类。

定题检索服务指的是根据用户的特定需要,对用户提出的检索课题进行系统的信息检索。

查新服务是满足用户对课题先进性的要求进行的检索。这是一种特定性的服务,需要了解用户的课题性质和课题所涉及的信息资源进行全面检索,对用户课题的先进与否做出鉴定。

个性化信息检索定制服务是利用已有的技术为用户进行的极具个性化的服务。

2. 根据用户认识到的需求进行的检索服务

图书馆可根据常见的用户信息需求、本馆信息资源建设情况以及专业领域的研究方向,有计划、有目的地实施一批这样的服务栏目,如:"浏览式检索服务、信息导航服务、学科信息门户等,满足用户一般的信息需求,并帮助他们进一步查找所需信息,进一步明确自己真实的信息需求"。

3. 根据用户的潜在需求进行的信息检索服务

用户的潜在信息需求如巨大的冰山,工作人员所能触及的只是冰山一角,潜在需求中的一部分被工作人员所认识,并以第二种信息检索服务表现出来。那些仍未认识到的需求可通过知识服务被挖掘,但由于知识服务涉及有关知识发现等技术,知识服务的实践还有待于进一步提高。

四、信息检索服务的发展方向

信息检索服务是图书馆的基础工作,图书馆根据信息资源和信息技术的快速发展建立起多种类型的检索服务。但综观这些服务,缺乏通盘考虑,没有将信息检索服务作为一个统一的整体考虑,只是业界流行什么就赶快开发研制,这样的结果使得我们的图书馆服务缺乏竞争力,信息检索服务不成体系。在图书馆 Web 站点信息服务体系中,信息检索服务构建成一个个整体,并与其他信息服务有机地联系。

随着信息资源范围的扩大和加工处理水平的提高,检索服务向着方便用户利用和深层次服务的方向发展,用户不需要了解艰深的检索知识,他们只需在一个界面友好的网站上,按照检索系统所做的各种提示完成检索过程。而系统根据用户的检索习惯和思维方式设计多种检索途径和方法,通过链接将相关的信息和知识联系在一起,形成一个依托网站的知识架构,提高检索的效率和深度。

信息检索服务发展方向有:"统一检索平台,采用信息检索分级制度,检索界面的集成与简化"。

信息数据和存储方式各异,信息资源处于无序状态。统一检索平台将图书馆各种类型的信息资源及数据库中的各种异构数字资源进行整合,为用户提供一种更好地整合检索服务,从而提高资源的利用率。如中国高等学校信息保障系统(China Academic Library & Information System,CALIS)统一检索系统采用了新型的基于元数据的检索技术,能够对分布在本地和异地的各种异构资源提供统一的检索界面和检索语言。系统可检索的资源类型包括原文、图片、引文、文摘、馆藏、相关文献等。CALIS 统一检索系统提供多种检索方式,包括简单检索、高级检索、二次检索等,并支持多种检索运算符。利用 CALIS 统一检索系统,管理员能对各种信息资源的访问进行限制、监控、统计、计费等处理。CALIS 统一检索系统为用户提供"我的学科""我的资源""我的收藏夹""我的检索历史"等个性化检索服务。CALIS 统一检索系统还实现了与 CALIS 其他各种应用系统(如资源调度、统一用户管理、馆际互借等)的无缝集成,可以使读者更方便地访问国内外文献资源。

采用信息检索分级制度,检索界面分为专业人员检索与新手检索。专家检索界面是供有经验的图书馆工作人员或对检索熟悉的人员使用,目的是达到较高的检索效率;而新手界面主要是为那些对检索不熟悉的用户准备的,列出详细的步骤,目的是提高用户的检索能力。

对检索界面的集成与简化以及对各数据库检索结果进行排序去重,是图书馆提供检索信息服务中的一个重要内容。

数字时代信息检索服务坚持以用户为中心的信息交流、知识析取和知识应用,用户可以根据自己的需求选库,也可以根据自己的检索习惯与方法选择检索界面及检索式,设置检索限制、标识、扩展结果以及对主题词和作者的再检索等。用户在一个界面良好、人机交互的环境中完成查找信息的过程。

第二节　满足表达需求与认识需求的信息检索服务

一、满足表达需求的信息检索服务

表达需求是指用户可以用语言表达出来的需求,这些需求是明确的,图书馆根据用户的特定需求提供信息检索服务。服务方式有定题检索服务、个性化信息检索定制服务、查新检索服务。

(一)定题检索服务

定题检索服务是图书馆较早、较成熟的一种服务方式。数字时代的定题检索服务更是结合了先进的信息传送技术,成为图书馆界广泛开展的一种服务类型。

定题检索服务是图书馆根据用户的特定需求,在一定的检索范围内,定期或不定期地将检索结果传送给用户。检索结果是题录、文摘、全文,还是其他类型,也依据用户的需要进行选择。

定题检索服务根据用户需要,定期或不定期地将最新的信息发送给用户,有的周期很短,这样用户就能随时跟踪本领域国内外的最新研究发展情况。

定题检索服务专业性较强。一般要求用户划定检索范围,用户选择几种期刊或几十种信息源作为检索的对象,图书馆工作人员对用户划定的范围进行检索。

检索结果根据用户的需要而定。用户对检索结果有不同的需要,如题录、文摘、译文、全文等,定题检索服务根据用户的需要加工、处理检索结果。

如中国科学院上海生命科学研究院、上海图书馆上海科技情报研究所生命科学图书馆开展的定题服务,根据用户提出的主题词、检索范围等,定题定时地通过电子邮件方式将最新的信息发送给用户。从数学和计算机科学、物理学、化学、天文学、地理学、地质学、生物学、植物学、农业和林业、环境和生态学、医学、药理学、儿科学、心病学、牙科学、护理学、癌症和肿瘤学、材料科学、工程学、电信学、海洋学、考古学、建筑学、动物和水产养殖、汽车和航空学、塑料和聚合物、冶金和采矿、军事和舰船学、纺织等学科领域的 27000 种西文期刊中,提供最新相关的文献目次。用户将有关研究学科的期刊名 50 个(或 50 个以下)和 25 个(或 25 个以下)以关键词或著者方式的组配检索词,填表提交图书馆。

中科院文献情报中心根据用户的科研需要,对用户事先选定的专题,定期或不定期进行文献跟踪检索,把经过筛选的最新检索结果提供给用户;可为用户提供从课题前期调研、开题立项、中期成果、直到成果验收的全过程的文献检索服务。对用户所委托的各种研究课题、学位论文课题等进行专题检索,以书目、索引、文摘、全文等形式提供给用户。并且根据用户要求出具检索报告。

中国水产科学研究院根据用户事先选定的专题,由信息中心工作人员跟踪最新文献,为用户定期或不定期提供相关文献情报和数据资料。提供方式包括题录、文摘、原文甚至译文、综述等。文献跟踪范围为中国水产文摘数据库、中国学术期刊数据库群、国家科技图书文献中心数据库群、网络数据库、信息中心的光盘数据库等。可以是一次性服务,也可以是长期定题跟踪服务。并且根据用户要求出具检索报告。

(二)个性化信息检索定制服务

在信息检索服务中,不同的用户由于拥有的检索知识和所处领域不同,检索习惯也不同,初学者用简单检索,专业人员用高级检索。在实际工作中,存在用不同的词表达同一专业概念的情况,不同用户的获取信息方式、对检索结果的排序等都有可能不同。因而个性化的信息检索定制服务是信息检索服务"以人为本"的一个重要体现。

1. 概念、特点

个性化信息检索服务与社会中崇尚个性的理念是一脉相承的。个性服务是一种"量身定做"的服务,个性化服务是服务业(如旅游、电信等领域)目前的主要服务方向。个性化信息服务是指信息服务行业根据用户的信息需求特性,有针对性地设计服务环境、服务产品、服务方式和服务机制。

个性化信息服务是随着网络的广泛应用逐步发展起来的。个性化信息服务就是"用户可按照自己的目的与需求,在某一特定的网上功能和服务方式中,自己设定网上信息的来源方式、表现形式、特定网上功能及其他网上服务方式等,以达到最为方便快捷地获取自己所需的网上信息服务内容的目的。

个性化信息服务也是图书馆一个明显的发展趋势,是近年图书馆界研究的热门话题。个性化信息服务是一较宽泛的概念,以下仅论述的是它的下位类——个性化信息检索定制服务的概念。

个性化信息检索定制服务指的是用户根据自己的目的与信息需求,在图书馆提供的检索服务中,将自己与检索有关的活动记录下来,可建立自己的有个性化的界面,根据个人需要选择浏览的期刊和相关主题,也可长时间地保留和调用自己的检索策略,满足自己检索的需要。其特点有:

(1)需要有相关的技术支持:"构建个性化信息代理模型,将个性化信息从全部信息集合中分离出来,构建用户代理模型,跟踪用户行为,学习、记忆用户兴趣,通过描述用户的兴趣特征建立个性化用户模型"。

(2)满足用户多样化需求:"传统图书馆开展的信息服务用统一的模式全方位地满足各类用户的一切需求,但实际情况是用户的信息需求是千差万别的,数字时代的个性化信息检索定制服务可依据用户的检索习惯、范围、策略,达到检索的目的"。

(3)用户的检索过程是充满个性化色彩的,但图书馆通过为用户的服务,不仅能满足用户的"显需求",并能为用户提供拓展和延伸其需求的发展空间,启发其"潜需求",帮助用户表达信息需求,实现主动的信息服务。

2.个性化定制信息检索服务的方法与途径

定制信息服务所需的技术已经成熟,如:

①Web数据库技术:"完成用户登录、身份认证、数据匹配"等。②网页动态生成技术:包括ASP、ISAU、CGI等技术,完成用户的个人检索界面的制作。③数据推送技术:"利用推送(PUSH)技术,完成信息的定向传送"。④过程跟踪技术:"跟踪用户的检索兴趣,以便提供个性化的帮助"。⑤安全身份认证技术、数据加密技术:"保护用户的隐私、保证系统的安全等"。⑥信息挖掘与智能代理技术:"由知识库、规则库、推理机、各代理间的通信协议等组成的智能代理技术,可有效地跟踪用户的需求所在,满足其个性化的需要"。

3.个性化信息检索定制服务的内容

(1)个性检索模板定制:"根据用户专业领域,检索目的、检索的深度需求、时间需求、语言需求、数量需求等限制,进行个性检索模板定制"。

(2)检索工具定制:"可定制检索的数据库、搜索引擎等"。

(3)检索表达式定制:"根据需要可定制检索表达式,提高检索效率"。

（4）个人词表定制："由于个人所处的专业领域与兴趣相对固定,他们所用的关键词相对有限"。个人词表的定制可以帮助用户选词,确定检索范围。

（5）结果处理定制："根据个人的具体需求,可以对检索结果进行定制"。

（6）检索历史分析定制："从用户的检索历史分析,可确定用户的需求所在"。

（7）检索界面定制："可拥有自己的检索界面,方便,不受干扰"。

（8）个性化信息推送："对于需要的信息可定时地传送"。

（三）查新检索服务

科技查新服务(以下简称"查新")是为了避免科研项目的重复研究以及客观地判别科技成果的新颖性、先进性而开展的一项工作。根据有关规定,凡国家、省、部、市、地等各级科研项目的开题立项、成果鉴定、申报奖励、新产品开发以及专利申请等,均需进行查新。查新针对某一特定课题进行,其结果是为被查课题出具一份"查新报告"。在整个科技查新过程中,查新检索是一个重要环节。

1. 查新服务的发展与定义

我国各级科研管理部门曾为了提高科研立项、成果鉴定与奖励的严肃性、公正性、准确性和权威性,采取了不少措施,制定了一系列管理办法和规定。其中,为了避免科研课题重复立项和客观正确地判别科技成果的新颖性而设立了查新工作。查新是在我国科技体制改革进程中萌生并发展起来的一项情报咨询工作。

查新是指具有查新业务资质的查新机构,根据查新委托人提供的需要,查证其新颖性的科学技术内容,按照《科技查新规范》进行操作,并做出结论(查新报告)。

科技查新是文献检索和情报调研相结合的情报研究工作,它以文献为基础,以文献检索和情报调研为手段,以检出结果为依据,通过综合分析,对查新项目的新颖性进行情报审查,写出有依据、有分析、有对比、有结论的查新报告。查新是以通过检出文献的客观事实来对项目的新颖性做出结论。查新有较严格的年限、范围和程序规定,有查全、查准的严格要求,要求给出明确的结论。查新结论具有客观性和鉴证性,但不是全面的成果评审结论。这些都是单纯的文献检索所不具备的,也有别于专家评审。

查新的对象主要包括:

申报国家级或省(部)级科学技术奖励的人或机构;申报各级各类科技计划、各种基金项目、新产品开发计划的人或机构;各级成果的鉴定、验收、评估、转化;科研项目开题立项;技术引进;国家和地方有关规定要求查新的项目。

2. 查新的作用

（1）为科研立项提供客观依据：

科研课题在论点、研究开发目标、技术路线、技术内容、技术指标、技术水平等方面是否具有新颖性，在正式立项前，首要的工作是全面、准确地掌握国内外的有关信息，查清该课题在国内外是否已研究开发过。通过查新可以了解国内外有关科学技术的发展水平、研究开发方向；是否已研究开发或正在研究开发；研究开发的深度及广度；已解决和尚未解决的问题等。这将为判断所选课题是否新颖提供客观依据。这样可防止重复研究开发而造成人力、物力、财力的浪费和损失。据统计，我国科研项目重复率达40%，而另外60%中，部分重复又在20%以上，与国外重复也约占30%左右，其中大部分是国外已公开的技术。

（2）查新可以为科技成果的鉴定、评估、验收、转化、奖励等提供客观的文献依据：

例如某企业为成果鉴定，要求通过查新确认他们的"轻烃燃气灶具"项目为国内首创，经查新证实，国内已有此灶具的报道，从而否定了"国内首创"的评价。该企业十分后悔在立项时未经项目查新而造成了人力、物力和财力的损失。

查新还能保证科技成果鉴定、评估、验收、转化、奖励等的科学性和可靠性。在这些工作中，若无查新部门提供可靠的查新报告作为文献依据，只凭专家小组的专业知识和经验，难免会有不公正之处，可能会得不出确切的结论。这样既不利于调动科技人员的积极性，又妨碍成果的推广应用。高质量的查新，结合专家丰富的专业知识，便可防止上述现象的发生。

（3）为科技人员进行研究开发提供可靠而丰富的信息：

随着科学技术的不断发展，学科分类越来越细，信息源于不同的载体已成为普遍现象，这给人们获取信息带来了一定的难度。有关研究表明，技术人员查阅文献所花的时间，约占其工作量的50%，若通过专业查新人员查新，则可以大量节省这些时间。查新机构一般具有丰富的信息资源和完善的计算机检索系统，能提供从一次文献到二次文献的全面服务，如通过国际联机情报检索系统提供的世界著名的SCI（科学引文索引）、CA（化学文摘）、EI（工程索引）、NTIS（美国政府报告）、WPI（世界专利索引）等近千个科技、经济、商业等资料的数据库，内容涉及各种学术会议和期刊的论文、技术报告、学位论文、政府出版物、科技图书、专利、标准和规范、报纸、通告等，收藏的数据最早可追溯到19世纪，最新可查到几分钟前公布的信息。据有关资料统计，这些系统包含了世界上98%以上的机读文献，基本能满足科研工作的信息需求。

3.科技查新的性质

科技查新的性质首先表现在对新颖性的审查。科学技术是探索性和创造性的工作,它的灵魂在于创新。如果一个科研课题没有新颖性,那么,立题论证其"需要性""可行性",或在成果鉴定时评价其"先进性""实用性"都将失去现实意义。科技查新首先要审查该项目或课题在国内外有没有人做过,是否有相同或类似的研究,以避免科研工作的重复或走弯路,避免人力、物力和财力的浪费。

科技查新工作也要对课题或项目的实用性和先进性进行审查。特别对于工程技术、农业技术、大型设备的实用性和先进性,要进行认真分析和评价。在科技查新工作开展的初期,比较注意对项目新颖性的审查和评价,随着查新工作的深入,提出了对项目实用性和先进性的综合评价,或称"三性论证",这是对查新工作提出的更高要求。

科技查新咨询不同于一般的咨询。一般咨询只提供有关的文献线索,不对课题进行分析、研究和对比。科技查新也不同于一般的文献检索。一般的文献检索只是根据课题查找一些光盘或数据库,帮助找到所需文献,也不对课题进行评价。

科技查新是较高层次的文献住处服务工作,是一项要求高、难度大的服务工作。

4.科技查新工作的程序

(1)接受课题:

接受课题是查新工作的第一步,也是确保查新工作质量的基础。首先要求用户填写科技查新委托书,内容包括:查新目的、查新范围、查新课题的主要内容、关键技术(主要工艺、结构特点、原材料、研究方法、结论等)、主要性能指标、主要用途、创新点等,以便做到心中有数,有的放矢。查新课题委托书的填写既要全面,又要简明扼要。专业性较强的查新课题,应有与该专业较接近的查新人员协助接待。接受课题后,应对课题进行分析、理解。分析课题是查新人员判断课题的研究目的与研究内容,找出该课题的新思想、新见解、新方法所在之处,以确定查新重点,为新颖性审查的具体对象进行分析。

(2)文献检索:

进行文献检索前,首先要确定该查新课题所应使用的关键词、主题词和分类号,并根据查新重点确定检索途径,然后进行检索。查全率是文献检索的核心,因为新颖性的审查就是要回答国内外有没有与该课题相同或类似的文献报告。

(3)分析对比:

指从检索命中的文献中,选择最主要的相关文献,与课题提出的新思想、新见解、新认识进行异同比较。主要的相关文献较多时,可将文献分成几类,分类论述。也可进行综合分析。分析对比文献时,要针对课题的主要技术内容、技术特点、技术指标进行分析,以审查该课题是否有实质性的创新,研究的深度广度如何,主要技术指标处于什么水平。通过相关文献的对比,查新结论就比较明确了。

(4)撰写查新报告:

查新报告是查新工作的最终体现。查新报告由下列几部分组成:封面;项目主要内容说明和查新要求;国内外文献检索范围、时限和情况;检索结果说明和查新结论。

文献检索情况应包括:"检索词、分类号、检索刊物和数据库名称以及查到的文献情况等"。最好以表格形式体现出来。

查新结论是查新工作的核心,应体现出查新的内涵。查新是以该课题的创新点为论点,以对有关文献的分析比较为论据,来论证该课题是否具有新颖性。查新结论一定要客观,具体,实事求是,不能加进个人的观点、意见。

二、满足认识需求的信息检索服务

用户的认识需求是用户感觉到但不能表达出来的需求。图书馆在长期为用户服务的过程中,通过和用户的交流,能捕捉这些需求,并力求提供满足认识需求的服务。而且对于一个图书馆来讲,它服务的用户对象是特定的,不同用户信息需求之间也存在一定的相似性,这也为这类服务创造了比较大的空间,因而满足用户"认识需求"的信息检索服务开展得较多,包括浏览式检索服务、学科信息门户服务、网络信息导航服务等。

(一)浏览式检索服务

浏览式检索服务是图书馆顺应信息技术的发展和用户检索习惯的改变而进行的检索界面的改造,主要用在图书馆的联机公共目录查询系统中。

浏览式检索服务是符合人类思考习惯的一种检索方式,人们根据自己的阅读爱好和兴趣选择文献,在阅读浏览的过程中发现问题或对所感兴趣的问题有一大致的了解。数字时代更为用户这种"浏览式检索"提供了便利条件,超文本和多媒体的信息组织方式使用户在信息查找中如鱼得水,在浏览的过程中发现兴趣所在。浏览式检索符合用户的立体思维方式,因而在图书馆得到普遍使用。

浏览式检索服务较多地应用在书目检索、数据库检索和主题检索中。

　　书目检索中的分类途径是浏览式检索常用的,按照索书号的顺序提供给用户,用户可以根据索书号的前后位置浏览,以便了解有关文献。如北京大学图书馆书目查询系统的索书号检索。

　　数据库检索中刊名的检索应用浏览式较多,对一刊物的内容按实际出版情况展现给用户,方便用户对此刊内容的阅览。如万方数据资源检索系统的数字化期刊检索中,可以将一个刊的某一期按该刊的原有内容提供给用户,方便用户对此刊特色、文献内容的了解。

　　主题检索中主要是将主题提供给用户,方便用户选择。如美国国会图书馆书目检索系统中的主题词浏览,将相关上下位类的主题词集中在一起提供给用户,帮助用户选词,以提高检索效率。

　　综上所述,浏览式信息检索服务的定义可以归纳为:"根据用户的思维方式和阅读习惯,浏览式检索将某专题、某主题词或某一载体的文献,立体地呈现给用户,帮助用户理解此主题或专题的含义或相关的信息和资料"。

　　浏览式检索服务由于将信息技术与用户的检索习惯结合起来,它具有以下特点:

　　①为用户集中相关的文献、信息:"浏览式检索实际是将相关的文献、信息集中起来为用户服务,是一个相关的文献信息集合"。②帮助用户确定所需要的文献和信息:"用户在检索时,很多时候对自己的需求并不是非常明确,在浏览的过程中通过了解相关的信息与资料,可能会确定自己的需求"。③符合用户思考时的规律:"浏览式信息检索延伸了用户思维的时间与空间范围,立体地架构了用户思维时的信息空间"。

(二)学科信息门户

　　学科信息门户(subject information gateway,SIG),指的是将特定学科领域的信息资源、工具和服务集成为整体,为用户提供方便的信息检索和服务入口。学科信息门户中的信息经过鉴定和选择,是用户获取有价值网络学科信息的重要入口点,是图书馆界借用商业信息门户概念和技术,并结合文献信息处理的传统经验,解决通用信息门户难以适应网络学科信息组织和利用问题的结果。

　　SIG 最早提出者之一 T. Kock 归纳 SIG 的特点有:

　　①一种联机服务,提供对其他基于站点和文档的链接。②通过人工选择和筛选信息。③智能产生包括注解和评论在内的信息描述信息,可能的话提供分类、主题标引。④智能构建分类浏览结构。⑤至少支持部分和手工构建单个信息资源的

（书目）元数据。

学科信息门户的研究和发展在国外一直很活跃，如 SOSIG、EELS、BIOME、AVEL、GEO-GUIDE、ADAM 等都是比较成功的典型。国内在此方面起步晚，动作缓，主要有高校系统的重要学科资源导航系统以及中国科学院正在建设中的分布式学科信息门户项目等。纵观这些学科信息门户的建设和运行，可以对学科信息门户进行更精确的表述：它是针对特定学科或主题领域，按照一定的资源选择和评价标准，规范的资源描述和组织体系，对具有一定学术价值的网络资源进行搜集、描述和组织，并提供浏览、检索、导航等增值服务的专门性信息门户。通过采取综合的控制措施，它有效地解决了网络信息资源在体积、检索、质量和可信度等方面存在的突出问题，适应了学科研究本身信息需求的特点，使科研人员可以从一个单一的入口迅速找到所需的信息。它的最新发展方向是向更深层次的信息整合和服务集成以及支持分布式跨门户的浏览和检索服务支持等。

（三）网络信息导航

1. 概念、特点

互联网上的信息复杂多样。互联网本身是一个没有组织的虚拟体，大量有价值的信息散布在信息的海洋中。用户虽然可以通过搜索引擎等网络检索工具查找所需的信息，但由于搜索引擎的商业运作等原因，对信息的反应速度快，但质量及根据用户特定需求对信息利用的整体考虑较弱，利用起来不方便。建立网络信息导航的目的就在于为用户提供特定学科范围或某一主题的网上信息资源的集合，便于用户获取信息，减少他们查找信息的时间，使他们能够更加快捷方便地进行信息交流与科学交流。

图书馆网络信息导航指的是在图书馆主页上介绍、分析、评价各种网络信息源，指导用户有效地利用网络信息资源。

网络信息导航是图书馆根据本馆用户的特点，有针对性地收集、整理网上信息，并经过图书馆员的筛选与鉴别。具有简单的分类体系，有些具备主题检索功能。按学科收集网上丰富的信息资源，集中在信息导航页面上，为用户提供分学科网上信息导航。

网络信息导航通常是一综合的系统，如高校图书馆根据用户状况和馆藏建立的网络学术信息导航，包括机构、学会协会、专家学者、学术期刊、电子期刊等栏目，满足教师、学生等用户的学术信息方面的需求。

网络信息世界是一个多变的世界，信息导航应不断地维护，调整更新内容，适应用户的需要。

2. 方法与内容

（1）信息源的获取："网络信息导航中信息获取途径一般可分为手工查找与计算机检索两种"。

搜索引擎是获取网络信息的主要来源，特别是那些数据量大、内容丰富的综合搜索引擎是建立学术导航系统中需要着重利用的。如 GOOGLE、SOHU、SINA、LYCOS 等，所含的专业信息丰富，是网络信息导航系统信息源的首选。另外元搜索引擎等也是选择的对象。

专业期刊是学术信息的重要来源。目前专业杂志的网络版出现得很多，在书本式的杂志上都有其网址的介绍，这些可作为搜集的重要内容。当然，这种方法需要对某一专业的核心期刊与非核心期刊非常清楚。可以通过图书馆期刊部门获取或在图书馆专业阅览室找到。

组织机构是获取专业信息的重要来源，主要包括高等院校、学会协会、研究机构、管理机构等内容。可以从搜索引擎的国家与地区栏目中获取。但相对来说，网上的专业组织机构在搜索引擎的一级类目中很少，可从专业类目中提供的学会协会、院校等机构的网址入手，在它们的相关链接上可以找到许多专业机构的网址，这样环环相扣，就可得到本专业相对完整的组织机构网址录。

（2）网络信息导航的内容：

网络信息导航的内容须根据图书馆用户的实际需求来充实。网络电子期刊是随着学术网络与因特网的建立出现的通过网络传播的出版物，可分为电子学报、电子快讯、网络电子期刊等类型，大多提供检索手段，现已积累到一定的数量，可成为专业人员进行研究的重要信息源。

学术会议是专业人员互相交流、获取最新研究成果，了解专业最新发展趋势的场所。网络上的学术会议大多是在线会议和学术会议的通告。在线会议有时间的限制，但无地点的限制，专业人员可在规定的时间内参加会议，随时发表自己的见解。学术会议的通告内容有关于会议的时间、地点、主题、议程、注册等，另外在会议进行时有会议通报、会议论文等内容，这些都是重要的学术信息源。

某一专业领域著名的专家学者是专业人员查找信息的重要入口，可以将他们的主页收集起来提供给用户。

学术论坛、聊天室、专业新闻组，相当于传统科学交流中学者之间直接的对话与讨论，是专业人员抒发思想、灵感等的重要场所。对于此类信息的收集，可以帮助用户了解专业的一些最新发展或动态，用户之间彼此启发思维，使最新的学术信息得以传播。

相关资料,如光盘数据库、网络数据库、统计资料等,对专业人员能提供强有力的信息支持,对它们的收集可使专业人员有理有据地阐述自己的思想。

组织机构,包括学会协会、高等院校、研究机构、管理机构等,是专业信息的集散地,对这些信息的收集是学术导航工作的重要内容。其中学会协会在米哈依洛夫科学交流理论中被形象地称为"看不见的学院"。

通常情况下,网络信息导航是图书馆主页的组成部分之一,但规模大小不一。

第三节 图书馆信息检索服务的步骤

信息检索服务是图书馆的基础性工作,对于信息资源建设和其他信息服务工作具有根本性的影响。图书馆可根据本馆馆藏特色和用户特点,选择信息检索服务类型,建立起不同层次的信息检索服务体系。信息检索服务包括五个步骤:

一、课题接受阶段

课题接受阶段,主要是通过与用户的交流和沟通,获得用户的需求信息,明确文献检索服务的任务。这是文献检索服务的基础阶段,也是决定服务成败的关键。文献检索服务最终目标是要满足用户需求,促成问题最终解决。在这一阶段的中心任务就是透彻准确地了解用户需求,包括要求服务的种类,时间限制,学科领域,研究深度,覆盖范围等。这一步骤虽然尚未涉及具体的文献检索,但却至关重要,一定要尽量多地与用户沟通,深入了解用户的需求。用户对自己需求的表达也存在渐进性和层次性,只有深入挖掘,才能保证准确和全面。在深入了解用户的基础上,还要形成比较规范的文档,为以后的工作奠定基础。

二、了解馆藏,确定信息检索的对象

对图书馆信息资源的了解是开展信息检索服务的基础,只有对本馆的资源了如指掌,并且清楚图书馆界信息资源建设方向与发展趋势,才能有的放矢地开展信息检索服务。

随着社会信息化环境的变化,对于图书馆的馆藏的理解也在发生着变化。一般认为,现阶段的图书馆馆藏由印本文献、电子资源、网络信息资源、特殊媒体信息资源等构成。印本文献包括以各种类型和载体形态的一次文献为主,例如馆藏图书、期刊、科技报告、各种工具书等;电子资源包括光盘数据库、网络数据库等。网络信息资源是根据本馆需要所建立的网络学术信息资源等。特殊媒体信息包括磁带、磁盘、多媒体光盘等。

在了解本馆信息资源建设的基础上,依据用户的需求和本馆发展方向确定信息检索的像。

三、文献检索

主要是根据接受课题的具体要求,使用检索工具,按一定的步骤查找文献。

这一步的主要目的是为了明确检索目的、确定检索范围和掌握检索线索。所以首先就要进行课题分析,研究所需文献的内容、性质和特点,在此基础上形成检索的主题概念,明确课题中的关键和重点问题,需要查找文献的性质和内容。其次要根据检索目的,确定检索范围。再根据主题概念的学科性质确定检索的学科范围、文献类型范围和时间范围。然后在认真分析的基础上扩大检索线索,为合理制定检索方案做好准备。

要根据课题分析所确定的学科范围或主题范围,选择合适的检索工具,包括印刷型的各种检索工具或电子型的各种检索系统。要掌握所选检索工具的内容和使用方法。要尽量选择存储文献全、报道时间快、使用方便的检索工具。

根据已经掌握某种特征和线索,可以按课题的主题概念或学科范围选择分类途径,这样就可以根据族性检索得到范围较广的文献资料。若课题专指性较强,那就可以选择主题途径,以便取得较好的特性检索效果。当然,确定检索途径还要根据具体的检索要求和各种检索工具的具体情况来综合考察。从各种检索工具中查到符合需要的文献线索。对选中的文献线索,一定要准确记下文献篇名、著者姓名、出处等著录项目,以便索取原文。

文献检索的目的是通过线索取得原文,熟悉国内图书馆收藏情况是迅速取得原文的关键。通过复制或馆际互借可以得到需要的原始文献。

四、分析整理

经过文献检索阶段,已经将所需的资料汇集起来。但这还只是粗略的结果,还要根据用户的要求进行筛选和整理。比如对于科技查新工作,要从检索命中的文献中选择主要的相关文献，与课题提出的新思想、新见解、新认识进行异同比较。如果文献数量比较大，还要进行必要的筛选，提高文献的查准率。

经过这一步骤，才能形成基本符合用户需求的检索。这部分工作包含很多分析处理的任务，需要较多的智力支持，对人员的要求比较高。

五、结果提交阶段

整项工作的最后，就是将检索获得的文献或者分析报告用传真、电子邮件等方式提交给用户。这一阶段可以说是结束，也可以说是开始。因为提交的结果，还要接受用户的反馈，进一步了解用户的要求，评价检索结果的满意程序等。

各图书馆的能力、经费和服务对象不同，决定了信息检索服务建设的类型、方法是不一样的。大型的图书馆可建立起系统的信息检索服务系统，向用户提供网络化、集成化和可定制的文献信息检索服务，提供"一站式"的检索与获取服务。中小型图书馆可因地制宜地开展具有特色化的信息检索服务。一个地区的中小型图书馆走协作联合开发之路是图书馆发展趋势，也是社会信息化发展大环境的要求。目前，我国图书馆的合作大多是按系统进行的，地区的图书馆合作发展相对不完善。一个地区内的图书馆走联合之路，可利用各馆拥有局部信息资源的优势，通过有效的信息资源共享机制，为地区内的用户，甚至其他用户提供有特色的信息资源检索服务。

第四章　竞争情报服务

第一节　竞争情报的概述

一、竞争情报的含义

1. 竞争

指人们为了得到某种利益、资源或获得某种优势而进行的一种较量与角逐的活动。竞争是现代社会的一种普遍行为,按竞争的主体,竞争可以分为企业竞争、军事竞争、教育竞争等。按竞争方式,竞争又可以分为信息竞争、产品竞争、技术竞争、人才竞争、服务竞争、销售竞争等。其中信息竞争已成为信息时代企业竞争的重要内容,在网络环境下,谁能够最早获得最新的产品信息,最新的客户信息,或最新的原材料供应信息,谁就可能在竞争中占据主动地位。

2. 情报

汉语中的情报一词,是不同的语境下具有不同含义的多义词。通常泛指关于某种情况的消息和报告,对应于英文中的"information"一词。有时也专指军事情报,即已获得的敌方军事、政治、经济、科学技术、地理等方面的情况,对应于英文中的 intelligence 一词。在现实生活中,信息和情报一词在汉语中经常被混淆滥用。因此这里先对信息和情报的概念、联系及其区别进行明确的界定。

信息既不是物质,也不是能量,是一个横跨三个世界之中的信息世界。它既可以是物质运动状态及其变化的反映,又可以是人类精神的产物,如信号、图像、数据、事实、性状、情况、态势以及显性知识和隐性知识。而情报则是对信息的解读、判断和分析,是人脑思维的产物,具有对抗性、战略性、智能性、增能性、增值性和可行性等特色。信息和情报的联系在于:"信息是情报的素材和载体,情报是信息的激活和升华;信息是客观存在,情报是思维产物;信息是原料,情报是产品"。人们获取信息是为了获取决策活动的情报和谋略,即 information 的 intelligence 化。information 的 intelligence 化精辟地表述了信息和情报两者的区别和联系。

3. 竞争情报

竞争情报(competitive intelligence,CI)是企业在激烈的市场竞争中赢得和保持优势,对竞争对手、竞争环境和企业自身的信息进行合法采集、选择、评价、分析和综合,并对其发展趋势做出预测,以形成新颖的、增值的、不为竞争对手所知的、对抗性的信息,从而为企业的战略和战术决策提供依据的智能化活动过程。

美国竞争情报从业者协会(SCIP)将竞争情报定义为:"竞争情报是一种过程,在此过程中,人们用合乎职业道德的方式搜集、分析和传播有关经营环境、竞争者和组织本身的准确、具体、及时、前瞻性以及可付诸行动的情报"。

JohnE. Prescott 教授认为,情报是满足用户独特需求的经过整理的信息,这些信息经过分析解释,其含义得到了开发。所以,情报是一种"精练"过的信息产品。竞争情报则是外部和(或)内部环境的某些方面有关的"精练"过的信息产品。

二、竞争情报的主要特性

(一)战略性

把情报与战略相结合是第二次世界大战以来的一种国际化潮流。美国的经验表明,CI 不仅是企业的一项工作、一种能力,而且是企业的一大战略,是企业逐鹿市场、夺取商机、以智取胜的基本战略。在历届 SCIP 年会上,CI 的战略地位问题一直是会议的重要议题。例如:"在 1999 年年会上,战略管理和博弈教授 Barry Nalebuff 的主题报告就是"战略与情报";在 2002 年年会上,Douglas Bernhardt 作了题为《战略情报:企业的剑和盾》的重要报告;在 2016 年年会上,共有 52 个议题,以战略竞争情报为核心,会议内容为战略与战术两条主线,一方面关注战略定位,主要面向管理层与参与决策流程的资深情报人员,分享决策、并购、战略规则等相关内容;另一方面关注情报技能的战术实施,面向竞争执行实施并能马上学习到相关情报技能"。因此不难看出,情报总是与组织的战略和安全问题密不可分的,识别和满足管理层的战略决策问题是 CI 的首要任务。因此,竞争情报的研究内容具有很强的战略性。

（二）对抗性

竞争情报产生于激烈的市场竞争环境下,以竞争对手的信息搜集和分析为方向,为企业经济利益服务,其活动的过程含有强烈的针对性和对抗性质。从某种意义上说,没有对抗性这一属性,竞争情报就不能称其为竞争情报。

1.在经济竞争异常激烈的今天,经济利益冲突决定了竞争情报的对抗性质。从竞争主体分析着手,竞争情报的重点分析内容恰恰也是竞争对手。

2.竞争情报产生于激烈的市场竞争过程,是竞争条件下企业经营管理程序的分化,主要研究经济、技术问题。由于这种情报研究存在竞争对手等利益主体,因而,不可避免地具有对抗性质。

3.竞争情报的对抗性也体现在竞争情报的搜集和反搜集上。因此在关乎胜负的较量中,情报保密显得非常必要。

（三）可行性

竞争情报活动是植根于社会实践和人际网络中的一项研究活动,与组织的管理活动密切结合,它所形成的研究成果不是一般的学术论文,而是可付诸行动的情报产品。因此可行性、可操作性是 CI 区别于一般软科学研究的重要特性。

（四）合法性

CI 是在对早期商业情报和军事情报摒弃的基础上发展起来的,从业人员在国家法律允许的范围内开展活动,并遵循一定的职业道德,这是 CI 与前者的本质区别,也是 CI 生存和发展的重要基础,从而获得了政府和社会广泛的承认和支持。因此合法性就成为 CI 的一大重要特征。

三、竞争情报的基本功能

竞争情报是组织的一种功能,是组织感知环境变化并做出响应的能力,通常应具备以下六大功能,以应对环境对组织形成的威胁和机遇。但对于一个具体组织的 CI 机构而言,这些功能不应是均衡分配,而是各有侧重的。

（一）环境监视

现代市场日益走向多元化与全球化,市场影响因素变得越来越多,越来越复杂。企业要想在如此复杂与动荡的环境中站稳脚跟,就必须全面准确地了解与本企业、本行业有关的环境信息。只有适应竞争环境的变化并及时做出积极正确的反应,企业才能求得生存与发展。企业通过竞争情报活动,可以系统地搜集和分析有关宏观环境和行业环境的信息,发挥环境监视的功能。

(二)危机预警功能

竞争情报是企业感知外部环境变化的预警系统,能够帮助企业洞悉政治的、经济的、技术的、社会的、市场的变化以及这些变化对企业可能构成的威胁和机遇,从而使企业能够预先采取相应措施,避开威胁,寻求新的发展机遇。

主要预警功能包括:监测竞争环境和竞争对手及主要客户的动向、跟踪技术和市场需求的变化、预测现在竞争对手的行动、发现新的或潜在的竞争对手等。联合国工业发展组织认为:"对于一个企业来说,外部环境中的任何变化,包括技术的、经济的以及政治因素,都可以对企业的利益乃至生存产生重大影响。如果能阅读这些预警信号,发现并预知这些可能的变化,就可以利用所剩时间,预先采取相应的措施,避开威胁,寻求新的发展机遇,这种能力在当今社会中变得越来越重要了。"因此,竞争情报的首要功能是使企业避免受到突然袭击。通过对企业竞争环境和态势的连续跟踪和实时分析预测,可以提高及时发现市场中的威胁的机会,从而提前做好准备,先发制人,获得竞争优势,预警是企业竞争的重要一环,为如何去竞争提供依据。在企业里普及竞争情报意识,构建竞争情报体系能够有效完善企业的预警机制,最大限度地做到防患未然,将危机化解在"时间的前面",保持企业的竞争优势。

(三)对手分析

竞争对手是竞争情报的关注点。通过识别谁是现实竞争者,谁是潜在竞争者,然后对确定的竞争对手(包括现实竞争者与潜在竞争者)进行信息搜集和分析,可以了解他们可能采取的战略行动的实质以及成功的希望;各竞争对手对其他公司的战略行动倾向可能做出的反应以及各竞争对手对可能发生的产业变迁和更广泛的环境变化可能做出的反应等。

(四)策略研究

竞争策略是企业谋求和保持竞争优势的整套作战方案,包括目标和原则、阶段与步骤、重点与一般、战术与方法。有效的竞争策略是企业获得和维持竞争优势的先决条件。企业的竞争情报工作是一个连续的情报分析过程,它将来自企业自身、市场需求、战略联盟、竞争对手和竞争环境的原始信息转化为相关的、准确的、实用的战略知识,以满足决策者对了解经营管理环境的需求,从而制定出获得和维持竞争优势的战略规划或战术计划。

(五)技术跟踪

产品竞争是企业的基本竞争。但产品竞争只有依托技术竞争,才能独树一帜,使产品不断更新,以适应市场需求的变化。特别是在知识经济时代,技术创新更是增强企业竞争优势和发展后劲的重要因素。

企业的技术竞争战略一般有技术领先战略、技术追随战略和技术替代战略之分。无论是哪一种战略,都要求企业有敏锐的技术触觉以及较强的技术消化吸收和创新能力。竞争情报通过对影响企业生存与发展的相关技术发展动向的跟踪分析,从而使企业能够未雨绸缪,在市场竞争中占有先机。

(六)反竞争情报

对于一个企业来说,既要获取别人的情报,又要保护自己的情报,也就是反竞争情报。这是现代市场竞争条件下企业面临的重大情报课题。在走向现代市场经济的过程中,由于利益多元化格局的形成和利益驱动机制的强化,侵犯企业商业机密的事件正在迅速增加。做好反情报工作,在全体企业员工中树立情报意识,宣传、培养保密观念,是竞争情报的重要职能。

第二节　竞争情报的搜集

一、竞争情报搜集的基本原则

在搜集竞争情报源时,不可能将所有情报源一网打尽,我们只能遵循一定的基本原则,保证在有限的时间、人力、物力和财力投入的条件下,获得解决特定问题所需的情报。这些基本原则包括系统性原则、有限目标原则、价值性原则、由内而外原则和由公开到非公开原则。

（一）系统性原则性

尽管为解决特定问题所需的竞争情报以各种形式广泛地散布于各处,但在情报搜集之前,仍需要对情报搜集的可能渠道和方法进行系统的规划,确定每个时间点应该搜集到的内容,并进行持续的跟踪监视,以确保不遗漏重要的情报。对于已搜集到的情报,要及时地进行整理汇总,找出矛盾和问题,对照先前制订的搜集计划,发现差距,以启动下一步的搜集方案。因此系统性原则意味着在进行情报搜集时要遵循着一套前赴后继、缺一不可的工作流程,即制订搜集计划、渐次接近目标、保持搜集的连续性和整理汇总。

（二）优先目标原则

企业竞争所需要的情报内容广泛,数量庞大,但竞争情报的针对性要求我们必须将搜集目标锁定在那些关键情报课题上,而不是将与企业相关的所有信息一网打尽,这样不但花费巨大,而且无法保证这些信息最终转化成竞争情报,真正实现其价值。优先目标原则,就是指在进行一次情报搜集时,确定要回答的关键问题,并紧紧围绕这些关键问题设定搜索目标,在搜索过程有的放矢,易于实现目标。

（三）价值性原则

情报搜集是有成本的,这些成本体现在购买二手信息所支付的金钱和获得一手信息所支付的人力成本等方面。因此在正式搜集之前要计算信息搜集的成本和价值,只有价值高于成本,信息才值得去搜集。价值性原则意味着在搜集信息之前要计算投入产出,把那些有高投入产出比的信息作为搜集的目标。

（四）由内而外原则

信息的离散分布规律表明,企业所需要的竞争情报中约有 80% 来自公司内部。来自公司外部的只占 20%。因此在进行情报搜集时,要遵循由内而外的原则,先从内部调查入手,如内部无法获得,再向外部寻求所需情报,如仍无法获得所需情报,则启动外部竞争情报搜索,包括利用外部的二手信息源和一手信息源。这样不仅可少走弯路,节省成本,也可避免过早泄露获取情报的动机和行为。

（五）由公开到非公开原则

信息的离散分布规律还表明,企业所需的竞争情报中有 80% 来自公开信息,来自非公开渠道的信息只占 20%，因此在进行情报搜集时，要遵循由公开到非公开的原则，先在公开的信息资料中查找，只有在公开信息源无法满足需要时才转向非公开信息源。尽管各个国家信息公开的程度不一，有些国家可能只有 50% 的竞争情报来源于公开信息，但其地位仍然首屈一指。不仅企业竞争情报如此依赖于公开信息源，就连一般人看来可能更多地依赖非公开信息源的军事情报搜集亦然。

二、竞争情报的信息源

竞争情报信息源是竞争情报的源头，泛指一切产生和持有企业竞争情报的个人和机构，或者负荷情报的物件。

竞争情报的来源极其广泛，有的来自公开的文献资料，如图书、期刊、报纸、标准、专利、学位论文等；有的来自商业数据库，如中国化工企业名录、中国产品大全等；有的来自政府机构，如各种经济统计数据；有的来自大众媒体，如广播、电视、因特网等；有的来自行业协会，如行业统计数据、学术会议等；有的来自大学科研机构，如研究报告、科研课题等；有的来自公司，如生产信息、管理信息等；有的来自市场，如顾客信息、价格信息等；还有的来自产品与服务本身。

（一）文献资料

文献资料的类型多种多样，从公开的程度看，分为公开资料、半公开资料和机密资料三种。据美国海军高级情报分析员埃利斯·托卡利亚斯的统计，情报的 95% 来自公开资料，4% 来自半公开资料，1% 来自机密资料。

1. 公开资料

公开出版与发行的文献资料，搜集竞争情报常用的有图书、报刊、企业名录、年鉴、技术标准、专利文献、商情数据库、广告等。例如，世界每年出版图书约 80 万 ~ 90 万种，一般存放在各级各类图书馆、企业情报部门、公共情报机构或者相应的网站中，公众可以免费（或支付少量费用）使用。公开的资料中往往蕴藏着丰富的情报。

2. 半公开资料

未公开出版发行，但在某一有限范围内公开的资料，如政府管理机构公开的档案资料、企业内部刊物，会议纪要、年度报告、财务报表、产品样本、产品宣传书等。半公开资料的数量很大，例如每年的研究报告 70 余万件，政府出版物约 20 万篇，会议论文 10 余万篇。另外，由于各级政府部门担负着企业的监管职能，他们掌握着大量的企业内部信息。半公开资料存放在政府机构信息部门、企业内部、行业协会中，一般不对公众开放，查阅时需要办理相关手续。

3.机密资料

企业采取了保密措施的秘密资料，如企业技术工艺、产品配方、工作记录、客户名单、投标标书等。技术档案包括技术文件、图样、图表、照片、实验记录、原始记录等，通过技术档案可以了解某项研究的计划、方案、技术措施、具体数据、工艺记录等方面的信息。通过产品样本可以了解产品的产品规格、性能、构造原理、用途、使用方法和操作规程等方面的信息。机密资料一般由专门人员负责保管，只对特定的少数人员开放，普通人员无权查阅。

(二)商情数据库

商情数据库是指那些能提供与国际商务活动有密切联系的各类信息的数据库，即有关公司、产品市场行情、商业动态、金融活动、专利标准及有直接关联的税法、国家政策等方面的信息数据库。商情数据库信息量大，查询方便，是竞争情报人员获取情报的重要途径。查询商情数据库资源可以帮助企业回答下列问题："有关这个市场已发表了哪些文章？与该产品有关的公司有哪些？有关该技术的专利有哪些？该产业的主要杂志或图书有哪些？有关目标公司资料有哪些？目标公司所在产业中有多少公司？研究该产业的人都是谁？如何得到有关产业和公司的更新信息？怎样编制产业中主要专家以及其相联系的机构名单？"。

国外数据库的发展的比较早，出现了一些大型综合性文献数据库，如 Dialog、STN、AOL、CompuServe、OCLC 等，其中包含了大量的商情信息。例如，Dialog 具有很多商业数据库，为企业用户提供企业和产品目录、市场行情、资信分析、投资报告、可行性研究、竞争对手分析等各种信息和情报产品。Dialog 数据库的目录检索是免费的，所有数据库按主题分类编排，用户既可按类层层深入，直至具体数据库文档，也可以输入检索词进行数据库目录检索。此外，还有为数众多的专题商情数据库。例如，报纸期刊类数据库有金融时报、路透社新闻、道琼斯金融报道、商业周刊、商业通讯、商务日报等；科技类数据库有化学文摘、美国医学文摘、科学引文索引、世界专利索引等；公司信息数据库有康巴斯世界各国公司名录、邓白氏世界各国公司名录及公司资信、托马斯美国制造商名录、标准普尔上市公司数据、日本公司名录；行业及市场报告数据库有经济学人、世界投资分析报告、世界市场研究报告、亚洲商情报告、市场情报、消费保健市场研究；贸易投资数据库有世亚行招标信息、欧盟招标信息。

近年来我国数据库发展也很快,一些数据库服务公司不但推出了大型文献资源数据库,也积极地推出了较多含金量高的商情数据库。我国比较重要的商情数据库还有《中国建设企业与产品数据库》《中国电子器材市场信息网数据库》《全国科技成果交易信息数据库》《中国适用技术成果数据库》《中国科技咨询中心数据库》《综合经济信息数据库》《标准信息数据库》《专利文献数据库》《国家法规数据库》《中国科技经济新闻数据库》等。

(三)大众媒体

大众媒体包括广播、电视、因特网等。电视以其赏心悦目的信息传播方式越来越受到人们的欢迎,成为现代社会人们获取信息的一种重要方式。每天中央电视台和地方电视台定时播出各类政治、经济、科技等方面的新闻节目,可以给各级领导提供强有力的参考资料,为正确决策奠定坚实的基础。为企业和单位摄制的电视片,包括电视专题片、资料片、汇报片、科技片等也具有很强的使用价值。通过分析竞争对手广告刊登的媒体、篇幅、播出的时段、价格、频道、用语、用户对象等,可以了解其竞争目标、产品定位、销售能力、销售范围、效益等方面的信息。电视节目内容丰富多彩,其中蕴藏着很多有价值的情报,但这些信息资源转瞬即逝,应注意跟踪。

(四)灰色信息

虽然通过文献资料可以搜集到大量非常重要的情报,但是,我们不能简单地认为,凡是以文字形式发表的东西就是真实的,没有形成文字的东西就不存在。实际上,人们从闲谈中同样可以获取很多重要的消息。这部分信息是未经大众媒体公开发表的,也未经持有主体采取保密措施,而在组织内外传播的灰色信息,灰色信息产生于企业经营过程的各个环节,经过员工传播后其可信度可能会下降,并缺乏系统性。因此,在收集灰色信息的过程中,一方面要自觉地判断与控制自己获取信息的正当行为;另一方面还需要判断信息的可靠性和时效性等,这样才能有效、合法地收集与应用这些信息。了解竞争对手企业在资金、销售、生产成本等方面的情况,可以通过询问企业内部员工、经销商、客户、供应商、运输人员、广告公司、对手的雇员和前雇主、产业关键客户,行业主管人员等获得。

企业内部的雇员或竞争对手的雇员是我们获取竞争情报的重要来源之一。企业中雇员因为工作需要,潜意识或无意识地从事搜集情报与情报整理的工作。在员工进行项目可行性研究、工作汇报、立项申请、新技术研究开发等一系列工作中,除了发挥他们自己的新思路、新观念、新技术外,更多是综合性地应用了企业内积累的情报。雇员之间因为工作关系而从事交往活动,无形中自然地构成了一个以雇员自身为中心的辐射型情报交流网,每个雇员都是这个情报交流网的"中心"。

(五)实物

实物是指竞争对手的产品实物、半成品、工业垃圾、工业废料等,从这些实物中可挖掘竞争者在技术领域、工艺流程、产品功能开发等方面的情报,因而这些也是企业竞争情报的来源之一。

三、竞争情报的搜集方法

(一)观察法

实地观察是通过对允许进入区域的观察搜集情报。企业的生产场所为物质实体存在,许多信息如厂房设施、机器的轰鸣声、进出工厂的车辆、停车场、工人的数量、堆积的原材料等,都是无法掩盖的。身临其境,进行实地观察,可以获得大量直观的情报。在某些情况下,直接观察是一种获得竞争情报的极有用的方法。例如,一家超级市场监控其竞争对手的最佳方法,就是在可控制的基础上,对其商店进行常规的参观,观察它的价格、新的商品以及布局设计方面的变化趋势。再如,企业如果有机会参观竞争对手的工厂,利用这些机会进行观察,就可以了解竞争对手的生产过程、车间的最新变化、效率和企业文化等方面的信息。

(二)访问法

通过直接询问掌握着一手信息的当事人而获得竞争情报的方法称为访问法。比较常用的形式是面对面访问法和电话访问法。访问法的一般步骤为:

1. 确定被访对象

访问掌握着所需信息的被访对象是保证情报质量的关键。因此必须要花时间确认哪些人是可能的信息来源,并验证他们能够提供所需要信息的可信度。确定被访对象可采用以下几种方法:"①本公司人员推荐。②外部专家、朋友推荐。③从专业文章中发现人名。④同有关会议论文、期刊论文的文章作者联系。⑤从公司网站和招聘站点发现人名。⑥查阅媒体的新任通告"。

2.准备访问提纲和被访对象的背景资料

准备访问提纲可以是事先拟好的问题清单,也可以是一个初步的框架,提问时临时做一些发挥。相对而言,后者好于前者。因为前者像调查问卷,容易使被访者感到厌倦,也不能利用刚获得的信息进行追问。后者则使被访对象有一定的提问机会,但访问的主动权还是掌握在采访者一方。一次成功的访问应是访谈结束时能够使被访对象感到进行了一次有意义的谈话而不是仅仅回答了一堆问题。被访对象的背景资料需要在访问之前尽量搜集齐全,这样有助于访问方从对方感兴趣的话题和内容入手,同时也能对被访对象的回答做出预期,并能及时对提问做出调整。

3.发起谈话

良好的开头意味着成功了一半。发起谈话之后交谈的前几分钟(有些人认为是前几秒)对最终的访问效果起着决定作用。因此在这个阶段,必须消除被访者的疑心和顾虑。这就需要回答来自被访者的一连串问题,诸如"你怎么知道我的名字""你是哪个单位的"以及"你要这个情报做什么用"等。对于第一个问题,可以提及某个被访者比较熟悉的推荐人,这样的回答比起"我是通过总机找到你的"更有说服力。当然也可以声称被访者是该领域大名鼎鼎的专家,希望向专家讨教问题等诸如此类的客气话。至于后两个问题,则比较棘手。如果直接照实回答,毫无疑问会一无所获。但是竞争情报搜集的道德规范又要求不欺骗、不歪曲、不违法和不行贿。那么该怎么说呢?不欺骗并不意味着要说全部的事实,因此可以采用如下只说出部分事实的回答:"①如果是委托外部顾问发起的访问,可以用其所在顾问公司的名义,而不透露出委托人的身份,或者声称委托人要求匿名。②可以声称是为某个行业或市场和那些运作于其中的公司搜集信息,但是不详细指出这是一项竞争情报计划。③可以通过迎合被询问者的兴趣和好奇以及承诺他们将在信息交流中了解到一些东西来吸引他们的合作意愿。④可以用已收集的情报作为价码或者诱饵来发起交谈"。

4.中途引导

访问中途是提出关键问题的时机,要引导被访者对他所知道的,你所感兴趣的问题尽可能知无不言。

5.结束访问

在访谈结束时问一下:"有没有什么需要我讲一讲的?"这通常使被访者回到他们最感兴趣的问题,并让他们留下这样一种印象:"你非常愿意帮忙和合作"。问一问对方是否可以晚些时候再联系他,告诉他你的发现。对方很可能会感到高兴,并愿意参与。这为继续保持关系创造了条件。最后,让对方推荐一些其他可让你了解特定领域的人。

(三)会展信息收集法

会展就是通过举办各种会议和展览,为一个地区创造直接经济效益的同时,带动该地区相关产业如旅游业、运输业、餐饮业、电信业、广告业、咨询业等同时发展,并为该地区带来良好的社会效益,实现地区整体发展的一种方式。它集中商品展示、贸易洽谈、信息交流、学术文化交往于一身,充分整合各种社会资源,是企业加强与外界联系的重要渠道,是企业开拓市场的重要战略,也是企业获得竞争情报的重要来源。会展除了提供商品展示,贸易洽谈外,最重要的功能就是提供用户、厂商、政府、学者多方位的信息交流。在会展中,企业通过商品展示、信息推介以及举办和参与各种形式的研讨会、技术展示和新闻发布会传递与沟通信息,拓宽与政府、科研机构以及消费者之间联系的渠道,实现仅处一地就能与多方交流,迅速、准确地了解最新的政策导向、行业动态、科技发展信息。

企业需要的竞争情报是全方位、多角度的,其来源也是多种多样的。要从分散而又复杂的情报来源中获得情报是一件非常困难的事,但会展为这些情报提供了良好的整合机会,有很强的情报来源优势。首先,会展中有广泛的参与者,这些参与者包括了供货商、经销商、金融服务机构、客户、竞争对手、行业主管部门以及相关的专家学者。企业获取竞争情报所需的信息源,在会展中被高密度地集中在一起,企业参与会展就可以和这些不同身份的参展者进行充分的信息交流,全面接触与企业发展相关的信息,综合获取情报。其次,会展的功能完善,不仅免费发放宣传材料,提供各种实物展品,还会在会展中举办各种研讨会、交流会、政策发布会、技术展示会,利用各种研讨会、交流会、政策发布会、技术展示会,利用各种先进技术全面展示参展商的产品与服务,签订大量的贸易协定。企业在会展中既能够获得大量的文献资料情报,又能获得很多在会展之外难以获得的口头资料和实物资料。各个参展企业者会在会展上积极交流信息,把会展打造成一个巨大的信息平台。所有参展商都可在这个平台上充分吸收各种情报,短时间内企业就可获得大量有价值的情报,效率极高。从空间上看,不论是什么级别、什么类型的会展,都会聚集一定范围的商家和专业参观者,这些商家和专业参观者可能来自一个地区、一个国家,也可能来自全世界。会展浓缩了厂商和参观者之间的空间距离,却延伸了情报搜集的范围。一些企业采用其他手段得不到的信息,在会展中却可以得到。

第三节　竞争情报的分析方法

　　信息分析工作主要包含三个过程,即信息的收集和整理、情报分析以及信息分析方案。其中,信息的收集和整理是信息分析的基础,情报分析研究是关键,信息分析的结果表现为具体的判断、预测或解决方案。

　　竞争情报分析方法有很多,既有与其他学科相同的一般分析方法,又有其自身独特的分析方法。按照研究的对象来分,信息分析方法可分为基于数据的信息分析方法、基于文献的信息分析方法、基于人的信息分析方法、基于组织的信息分析方法等。按照应用的范围分,信息分析方法可分为学术研究中使用的信息分析方法、信息咨询中常用的分析方法、决策支持中使用的信息分析方法等。

一、基于数据的信息分析方法

(一)回归分析法

　　回归分析通过其他变量来预测某一变量的值。几乎所有的公司、政府机构在预测产品需求、利率、通货膨胀率、原材料价格以及劳动力成本等问题时都会用到回归分析。

　　对于变量与变量之间的关系,有的可以用确定的函数式予以求解,有的则虽然存在密切联系,但又不能由一个或多个变量的值求出另一个变量的值。例如:"学生对于高等数学、概率与统计、普通物理的学习,会对统计物理的学习产生影响。然而它们虽然存在着密切的关系,但很难从前几门功课的学习成绩来精确地求出统计物理的学习成绩"。如果我们仅仅关心变量之间是否存在某种关系,那么我们可以应用前面已经介绍过的相关分析。但是,对于彼此联系比较紧密的变量,人们总希望建立一定的公式,以便变量之间互相推测。回归分析就是用数学表达式来描述相关变量之间的关系,对未来进行预测的一种数学方法。

　　因此,回归分析法主要解决以下两个问题:"一是确定几个变量之间是否存在相关关系,如果存在,分析研究一个或几个变量的变动对另一个变量变动的影响程度,找出他们之间适当的数学表达式;二是用自变量的已知值去推测因变量的值或范围,且要估计这种预测可以达到何种精确度"。

(二)聚类分析法

聚类分析是根据事物本身的特性研究个体分类的方法,它是多元分析与当代分类学结合的产物,又称为群分析、点群分析或簇类分析。在聚类分析中,基本的思想是认为研究的样本或指标(变量)之间存在着程度不同的相似性(亲疏关系)。于是根据样本的多个观测指标,将其置于多维空间,按照它们空间关系的亲疏程度进行分类。关系密切的聚合到一个小的分类单位,关系疏远的聚合到一个大的分类单位,直到把所有的样本(或指标)都聚合完毕,把不同的类型一一划分出来,形成一个由小到大的分类系统,并画成谱系图。

聚类分析的内容十分丰富,按其分类对象的不同可分为 Q 型聚类分析和 R 型聚类分析。前者是根据被观测的样品的各种特征,将特征相似的样品归并为一类;后者是根据被观测的变量之间的相似性,将特征相似的变量归并为一类。在市场研究中,Q 型聚类常用于市场细分研究,寻找不同目标市场及其构成者特征,而 R 型聚类则用于确定产品各属性的同质性。

此外,聚类分析还可以按照实施聚类的方法分为系统聚类法、动态聚类法等。系统聚类分析也称为分层聚类法(hierarchical cluster),它是聚类分析中应用最广泛的一种方法。其基本思想是:"开始将样品和指标各视为一类,根据类与类之间的距离或相似程度将最相似的类加以合并,再计算新类与其他类之间的相似程度,并选择最相似的类加以合并"。这样每合并一次就减少一类,不断继续这一过程,直到所有样品(或指标)合并为一类为止;动态聚类法也称快速聚类法,或 K-均值聚类法(K-means cluster),在一开始就按照一定的方法选取一批聚类中心(cluster center),让样品向最近的聚心凝聚,形成初始分类,然后按最近距离原则不断修改不合理分类,直至合理。

(三)因子分析法

因子分析是一种主要用于数据化简和降维的多元统计分析方法。它将相关性较强的几个变量归在同一个类中,每一类赋予新的名称,成为一个因子,反映事物的一个方面,或者说一个维度。这样,少数的几个因子就能够代表数据的基本结构,反映信息的本质特征。更可以进一步从原始观测的信息推出因子的值,然后用这些因子代替原来的变量进行其他统计分析。

一个完整的因子分析过程应当包含如下方面:

1. 问题的定义

这包括定义一个因子分析的问题并确定实施因子分析的变量。应用统计分析方法的关键往往并不在于方法本身，而在于对合适的问题选择合适的方法。因子分析适用的场合往往是一些多变量大样本的情形，研究者的目的则在于寻求这些具有内在相关性的变量背后的一种基本结构。包含在因子分析中的变量应当依据过去的经验、理论或者研究者自己的判断而被选择。但非常重要的一点是，这些变量必须具备区间或者比率测度等级。在样本大小方面，粗略而言，进行因子分析的样本容量至少应是因子分析所涉及变量数目的 4~5 倍。

2. 计算并检验协方差（相关）矩阵

因子分析基于变量间的协方差矩阵。换言之，包含在因子分析中的变量必须具有一定的相关性，如果变量间不存在相关，或者相关性很小，那么因子分析将不是一种合适的分析方法。实际中，变量间的相关性往往是存在的，但是否达到适合进行因子分析的程度呢？除了直观的判定外，所幸的是还存在一些客观的检验方法。

3. 选择因子分析的方法

主成分分析法和公因子分析法是两种主要的寻找公因子的方法。前者主要考虑变量的全部方差，而后者则着重考虑共同方法。因此，主成分分析法使用直接由数据计算出的协方差阵，而公因子分析法则先将计算出的协方差阵的对角线元素替换为一个估计的共同度，再进行后续分析。如果研究者关注的问题是寻求可以解释数据中的最大方差的尽可能少的因子时，主成分分析法是一种值的推荐的方法，同时这也是应用比较广泛的一类方法。

4. 确定因子数目

主成分法所获取的因子解的数目是同原来变量的个数一样多的，而因子分析的主要目的则是用少数几个公因子来阐释数据的基本结构。这既要求因子的数目应该远比原来的变量个数要少，同时又要求保留的因子能够尽可能多地保留原来变量的信息。因此因子数目的选取也就比较讲究。

除了经验判断外，特征值法是选用较多的判断方法。因子对应的特征值就是因子所能解释的方差大小，而由于标准化变量的方差为 1，因此特征值法要求保留因子特征值大于 1 的那些因子。这意味着要求所保留的因子至少能够解释一个变量的方差。需要注意的是，如果变量的数目少于 20，该方法通常会给出一个比较保守的因子数目。

5.因子旋转

因子负载给出了观测变量和提取的因子之间的相关程度的大小,这意味着在某一因子上的负载大的变量对该因子的影响较大,因子的实际意义较大地取决于这些变量。这可以帮助我们来解释因子的实际意义。但是,基于公因子本身的意义,实际中往往会出现所有变量在一个因子上的负载都比较大的情形,这为因子的解释带来了困难。

因子旋转为因子解释提供了便利。因子旋转的目的是使某些变量在某个因子上的负载较高,而在其他因子上的负载则显著得低,这事实上是依据因子对变量进行更好地“聚类”。同时,一个合理的要求是这种旋转应并不影响共同度和全部所能解释的方差比例。因子模型本身的协方差结构在正交阵下的“不可识别性”决定了因子旋转的可行性。

正交旋转和斜交旋转是因子旋转的两类方法。前者由于保持了坐标轴的正交性(成直角),即因子之间的不相关性,因此使用最多,也是正交因子模型的旋转方法。正交旋转的方法很多,其中以方差最大化法最为常用。斜交旋转可以更好地简化因子模式矩阵,提高因子的可解释性,但是因为因子间的相关性而不受欢迎。但是如果总体中各因子间存在明显的相关关系则应该考虑斜交旋转。

6.因子解释

因子分析的重要一步应该是对所提取的公因子给出合理的解释。因子解释可以通过考虑在因子上具有较高负载的变量的意义进行。经过因子旋转后的因子负载阵可以大为提高因子的可解释性。

7.因子得分

如果后续分析需要,如进行回归分析等,通常需要进一步计算各公因子的因子得分。即给出各因子在每一个案例上的值。事实上,既然各观测变量可以表示为各公因子的线性组合,那么反之,各公因子也可以表示为各观测变量的线性组合:

$$F_i = w_{i1}X_1 + w_{i2}X_2 + \cdots + w_{im}X_p$$

其中:w_{ij} 为第 i 个因子在第 j 个变量处的因子得分系数。注意,它并不等于因子负载。

因子得分正是通过这样的方法利用各观测变量的值而估计得到的。主成分分析法可以给出各因子得分的精确值,并且这些值之间是不相关的。因子得分值可以用来代替原来的变量用于后续的分析。由于消除了相关性,为后续的统计分析方法的应用提供了较大便利。

8.模型的适合度

因子分析的最后,应该对构建的模型是否适合问题本身有一个认识,这就涉及模型的适合度的判断。这种判断常常基于残差矩阵而进行。

由因子模型的协方差结构可知,一旦因子模型建立,有了因子负载后,就可以计算观测变量的方差—协方差阵,这种由公因子再生的方差—协方差阵与实际观测到的方差—协方差阵之间的偏差,即残差矩阵是判断模型适合度的重要依据。如果残差矩阵中的值都比较大,那么有理由认为模型并不是很适合;反之如果残差矩阵接近于零矩阵,那么显然公因子可以很好地解释变量的方差—协方差关系,模型是合适的。

二、基于文献的信息分析——内容分析法

内容分析是一种在常规阅读文献的途径之外,系统、客观地对文献内容进行分析的专门方法。这种方法面向内容的相关性,主要研究内容与特定主题之间的相关关系,从而揭示出内容的深层结构或发现内容所含的隐蔽信息。作为一种客观的量化方法,内容分析法需要对大量样本进行特征识别和统计,以便从公开的资料中揭示出隐性的内容。

内容分析最初起源于新闻学领域,是很多大众传播研究运用的一种方法。20世纪60年代末,西方图书情报部门将其引入图书情报学方法论领域。美国传播学家伯纳德·贝雷尔森(Bernard Berelson)给出了经典的内容分析定义:"一种对具有明确特性的传播内容进行的客观、系统和定量的描述的研究技术"。霍尔斯蒂(Holsti)在对包括书面和口头的所有交流方式进行深入研究后,给出了一个更宽泛的定义,认为内容分析是一种客观、系统地识别消息的特征从而得出推论的技术和方法。根据霍尔斯蒂的定义,内容分析的对象就不仅限于文本,它还可以用来对绘画、电视节目等客体的内容进行分析。

内容分析法最大的特点就是定量与定性相结合,提供了信息量化的新方式。文献内容的分析之所以难以采用定量方式,主要困难在于量化。而内容分析法通过将内容分解、整理、有序化等步骤,得到分析单元分布的定量数据,在这些数据的基础上,结合对文献的全局把握,研究人员可以测度关于文献内容的本质性事实和趋势。因此,内容分析并不试图取代定性的经验分析,相反,它促进了定性分析的系统化,使之达到新的水平。

在实际应用中,内容分析法存在以下的局限:

　　首先,对分析材料的要求比较严格,需要一定数量、相同类型的文献,以保证能够抽出具有单义特征、达到足够统计量的分析单元作为内容分析的对象。其次,存在分析深度和工作量的"两难"处境,实施内容分析法,工作量一般较大,所需投入的时间往往也比较长,特别是对于长期跟踪或大范围扫描的工作,这种矛盾尤为突出。

　　虽然如此,内容分析法还是得到了广泛的应用,随着传播媒介和传播新技术的发展,更被越来越多地用于分析网络文献和多媒体文献。甚至有人评论说,这一方法几乎遍及社会科学的所有领域。

　　人们在内容分析的理论研究和实践探索中,总结出了不少应用模型,如系统分析模型、指标分析模型、语言分析模型、特征分析模型、发展分析模型和比较分析模型等。下面介绍主要的三种模型:

　　1. 系统分析模型

　　社会科学文献资料是社会现象的记录和反映,对文献资料的符号表述是一个有机的系统。具有内在连续性的文献内容构成了一系列的社会反映。以报纸情报源为例,其主题内容间的系统联系就足以澄清事件的系统真相。例如新中国成立前的《申报》,资料丰富,自成体系,若按政治、经济、社会、文化等主题作系列的分析,对当时社会发展和观念演变的规律就能有较深刻的把握。

　　系统分析模型就是利用文字表达系统的内在联系,从而推究所反映的社会现象的分析途径。有四个分析要素:

　　①分析对象的出现频率,即信息内容。②分析对象的次序和权值,即重要程度。③分析对象的价值判断,即对/错判定。④分析对象之间的逻辑关系。

　　系统分析的过程包括以下三个方面:

　　①趋势分析:"趋势分析是指在一定的时间范围内观察某一事件或特征的变化情况"。西方学术界一般利用格林菲尔德提出的"大众传播媒介指数"来衡量文献内容的趋势变动。②归纳分析:"归纳分析是指将要研究的主题按一定的属性分类归纳并进行分析"。首先确定主要的结构因素,把握主要特征,然后分析主题类别之间的相关性。例如,古巴导弹危机时,美苏领导人先后发表了政治声明。美国的国际政治研究者们将这些声明划分为观察性和表达性两类,然后依据语意、态度等方面的量表加以分析,预测了美苏双方的情绪反应。③差异比较:差异比较是指对同种文献的不同阶段间或同一时间不同的文献对同一事件的反映之间、不同的信息来源之间、同一文献对不同读者群所发的信息之间的差异性进行比较和分析。系统分析的变量很多,但是已有的研究多是单变量的,往往深度不足。

2. 指标分析模型

指标作为事物状态的一种测度,能定量的反映事物的变化和发展程度。指标分析模型就是用两个或多个指标加权组合成一定的指标体系,简要阐明信息所表明的事物状态和方法。

社会生活中各种指标很多,如社会、经济指标等。内容分析常用的指标有以下几种:

(1)频度指标:

计算字符、概念、主题等在文献中出现的次数,以衡量其重要性和受重视的程度。如廉政内容成了我国报刊中的突出主题,在频次上增长很快,反映了政府对这一问题的关注程度。

(2)倾向指标:

计算对一定的字符、概念及主题等有利或不利的信息数目,以衡量两方面的力量对比和倾向。对当年各报对"实践是检验真理的唯一标准"的讨论,用频度指标就能较好地反映思想和观念的冲突。

(3)强度指标:

计算对字符,概念或主题等的认识和反应程度,以衡量决心、信念或动机的强度。如用强度指标来分析"扫黄"报道,就能得出从中央到地方领导对这件事的肯定程度。

值得一提的是,指标分析模型在图书馆学情报学中的运用不容忽视。在文献资料选择中的可读性评估上,利用指标分析,针对文献中文字的难易、句子的长短、语法的深浅等基本特征加以测度,就能清楚地反映出可读性程度。另外,在古文献的归属、校勘方面,通过对文献内容的遣词造句和体裁风格的量化,模拟代表文献的模型,对比其他真品,能为准确地辨伪和考据提供更为科学的依据。

3. 语言分析模型

语言文字是人类表达思想、传递信息的手段,是情报的主要载体,故文献资料自始至终是内容分析的重要材料。过去的内容分析主要以大众传媒的内容为研究对象,资料类型不外报纸的社论、新闻等。由于心理学、社会学、政治学、文学、艺术等方面的需要,大量的个人文献、访问记录和社会调查材料也成了社会科学重要的情报源。要了解人类心灵深处的奥秘和行为的意义,内容分析就必须了解语言所代表的内容深度。语言分析模型就是充分利用当代科学成果、参考人类学习语言的过程和机制,利用语言计量指标,探求语言文字所含意义的方法。其分析途径之一,是依照字句和表达方式的含义加以归纳,分别从语法、语义和语用的角度上进行分行。这是一种正在探索的新模式,很多复杂的分析过程都依靠计算机辅助而实现,方法有以下三种:"①使用普通字典和专用词表进行内容分析。②利用关联字群进行内容分析。③依靠控制即时情景进行内容分析"。

来自不同学科的研究者带着各自的知识背景和实用目的开展了多种多样的内容分析研究。随着计算机技术的广泛应用,各种研究方法开始逐渐融合、相互补充,在遵循内容分析法基本原理的基础上,可以从中抽象出具有共性的一般步骤。

(1)提出研究问题或假设

首先要明确进行内容分析的问题、目标及其研究意义。这样一方面能避免为研究而研究的毛病,另一方面也有助于后续工作的有效开展。研究目标可以是具体或抽象的研究问题,也可以是一个理论假设,希望通过分析予以验证。

(2)确定研究范围

确定研究范围就是要详细说明所分析内容的界限,对研究对象给出明确的操作性定义。操作性定义必须包括两个方面:指定主题领域与确定时间段。指定主题领域应与研究的问题保持逻辑上的一致,并与研究的目的相连贯。确定的时间段应该足够长,以保证研究现象有充分的发生机会。指定主题领域和确定时间段后,研究者要对研究中的有关参数进行清楚的叙述。

(3)抽样

在不可能研究整个文献信息的总体时,就需要采用抽样方法。样本选择的标准是符合研究目的、信息含量大、具有连续性、内容体例基本一致。

(4)选择分析单元

分析单元是指内容分析中实际进行统计的对象。可以是意义独立的词组、句、段、意群、符号、主题甚至整篇文章,也可以是音乐的旋律、影片中的动作等。分析单元的操作性定义应该明确具体,其标准便于执行。例如:在对特定学科领域各国研究状况的分析中,可以用某一时间段内,发表于重要期刊论文的作者所属机构作为分析单元。而在对音乐录影带中的种族和性别问题的研究中,可以用每一段影片的主要表演者和影片的主旋律为分析单元。

(5)制定编码策略

即制定分析的框架,是体现分析思路和保证系统性的核心步骤。其目的就是确定有意义的逻辑结构,把分析单元分配到这个能说明问题的结构框架中去。这种框架的构成应随着研究主题的不同而变化。逻辑框架可以是一个分类表。利用现成的主题词表进行分析之所以功能受到限制,原因就在于主题词表并不是专为相应的研究主题而设计的。

（6）建立量化系统

内容分析中的量化方法一般采用类目、等距和等比三种尺度。在类目尺度中，研究者只需简单地分析单元在每个类目中出现的频率。

（7）进行内容编码

将分析单元置于内容类目下称作编码。这是内容分析中最费时，同时也是最有意义的部分。

（8）分析数据资料

将分析单元通过编码归入分析框架之后，其发生的数量及其分布具有统计意义，是内容分析的量化依据。

（9）解释结论

如果研究者要检验变量之间关系的假设，其解释将很明确。

（10）信度和效度检验

作为一种通过所掌握的信息资料推断社会、历史、文化等方面实际情况的研究工具，内容分析法的信度和效度问题十分关键。为保证研究结果的客观性和真实性，对信度和效度进行验证是必不可少的。

三、基于人的信息分析——德尔菲法

德尔菲（Delphi）是古希腊传说中的一个地名。当地有一座阿波罗神殿，是众神聚会占卜未来的地方。传说阿波罗神在德尔菲杀死了彼索斯龙之后成为当地的主人，阿波罗神不仅年少英俊，而且具有卓越的预测未来的能力。后人为了纪念阿波罗神，建阿波罗神殿于古城德尔菲。从此，人们把德尔菲看作能够预卜未来的神谕之地，德尔菲法由此得名。其含义就是通过卓越人物来洞察和预见未来。

德尔菲法最早出现于20世纪50年代末期。当时美国政府组织了一批专家，要求他们站在苏军战略决策者的角度，最优地选择在未来大战中将被轰炸的美国目标，为美军决策人员提供参考。之后，美国兰德公司的赫尔默（Helmer）和戈登（Gordon）为避免集体讨论存在的"团体沉思（groupthink）"和"团体偏移（groupshift）"等问题而首次将德尔菲法应用于科技预测中，并发表了《长远预测研究报告》。

德尔菲法依据系统的程序，采用匿名发表意见的方式（即专家之间不得互相讨论，不发生横向联系，只能与调查人员产生交流），通过多轮次调查专家对问卷所提问题的看法，经过反复征询、归纳、修改，最后汇总成专家基本一致的看法，作为预测的结果。因此信息的收集与反馈在这个双向交流中是非常重要的。尽量避免信息的失真,保障信息的准确性是德尔菲法实施的初衷。匿名性、反馈性和统计性是德尔菲法的特点。

德尔菲法隐含了这样一个前提,即建立在满足一致性条件的专家群体意见的统计结果才是有意义的,所以它通过"专家意见形成——统计反馈——意见调整"这样一个多次与专家交互交流的循环过程,使分散的意见逐次收敛在协调一致的结果上,充分发挥了信息反馈和信息控制的作用。

(一)经典德尔菲法

兰德公司当初使用的德尔菲法主要用于技术预见(technology foresight),现在称为经典德尔菲法。一般需要进行四轮调查,各次调查的内容和问题如下:

第一轮调查——向专家提出的问题。一般没有固定的格式和内容,要求专家对预见目标、该领域的技术发展趋势、需要解决的问题等自由发表意见,请专家提出未来科学技术发展最有潜力、与目标最相关的领域和项目,并说明提出的依据。这一轮调查回收后的主要工作是整理和归类,经归纳加工而成的各项技术就形成了第二轮调查的技术课题清单。

第二轮调查——要求专家对参加调查的技术课题作答。回收意见后进行统计分析,然后将统计结果附上必要的说明反馈给专家,进行第三轮调查。

第三轮调查——专家在得到第二轮调查的统计结果和有关说明后,由于信息增多,将对自己原有的判断做出修正。与上一轮一样,在这一轮调查中也要进行统计分析。根据整理分析的结果,决定是否进行下一轮调查。如果意见趋于集中,不需要进行第四轮调查,否则,把上述整理的资料变成下一轮调查的问题,特别是需要把不同的论据反馈给专家。

第四轮调查——专家根据全部资料作最后判断,并对不同意见做出评论。最后调查结果经统计分析和整理后,可能有两种情形:"一是专家意见相对集中,说明统计得到的结果代表了专家们对某方面问题的预见意见;二是专家意见离散度大,此时应分析各方面论据,采取其他方式进行综合分析,得到最终结果"。

在需要收集大多数专家意见时,经典德尔菲调查法确实是一种较为科学和相对可靠的方法,但具体实施时工作量大,周期较长,成本也相对较高。因此在具体应用时有必要进行一定的修正,采用其他辅助性方法,如相关树法、专题讨论会、情景描述、技术图谱等。

(二)大规模德尔菲调查

由于应用目标不同,现在德尔菲法已经演变成许多不同类型——如大规模德尔菲调查,这是由经典德尔菲方法派生出来的一种方法,由日本人最早将这种方法用于技术预见。其后,德国、英国、法国、韩国和中国等国家和地区相继采用了大规模德尔菲调查,进行本国的技术预见。

与经典德尔菲法相比,大规模德尔菲调查具有如下特点:

①参加的人员不只局限于十几个专家,往往研究吸引来自政府、企业、高校、研究机构和社会各方面的大量人员。

②所涉及的问题非常广泛,以"中国未来20年技术预见研究"为例,这项研究(信息、材料、能源和生物四个技术领域)第一轮调查共有432个技术课题,第二轮调查共有409个技术课题;问卷涉及的问题包括未来技术的重要性、未来技术的可能性(实现时间)、未来技术的可行性(制约因素)、未来技术竞争对手(领先国家)、未来技术优先领域的择优支持(政策建议)等。

在进行大规模德尔菲调查时,在预见程序上对经典德尔菲法也可以进行相应修改,下面仍以"中国未来20年技术预见研究"为例进行介绍:

①按照领域成立了四个技术预见领域专家组,确定目标、任务等,通过其下属的各个子领域专家小组采取各种方法(召开会议或者通信调查等方法)拟定技术课题清单,代替经典德尔菲法的第一轮调查。

②这种大规模德尔菲调查成本较高,周期较长,一般只进行两轮,相当于经典的第二、三轮调查。

③对调查的结果组织高层次专家进行审核和论证,形成最后预见结果。

四、基于组织的信息分析

(一)PEST分析法

企业的竞争环境可以分为宏观环境和行业环境两部分。宏观环境包括政治、经济、社会、文化、法律、科技、自然因素等。行业环境包括现有竞争企业、可能进入的新企业(潜在竞争对手)、供应商、用户和替代品。企业竞争环境分析与上节的市场环境分析有相近之处。

PEST分析是战略咨询顾问用来帮助企业检阅其外部宏观环境的一种方法。

是指宏观环境的分析,宏观环境又称一般环境,是指影响一切行业和企业的各种宏观力量。对宏观环境因素作分析,不同行业和企业根据自身特点和经营需要,分析的具体内容会有差异,但一般都应对政治(politics)、经济(economic)、社会(society)和技术(technology)这四大类影响企业的主要外部环境因素进行分析。简单而言,称为 PEST 分析法。

1. 政治法律环境(political factors)

政治环境包括一个国家的社会制度,执政党的性质,政府的方针、政策、法令等。不同的国家有着不同的社会性质,不同的社会制度对组织活动有着不同的限制和要求。即使社会制度不变的同一国家,在不同时期,由于执政党的不同,其政府的方针特点、政策倾向对组织活动的态度和影响也是不断变化的。

重要的政治法律变量有政治体制、经济体制、政府的管制、专利数量、专利法的修改、环境保护法、产业政策、投资政策、地区关系、政局稳定状况等。

2. 经济环境(economic factors)

经济环境主要包括宏观和微观两个方面的内容。宏观经济环境主要是指一个国家的人口数量及其增长趋势,国民收入、国民生产总值及其变化情况以及通过这些指标能够反映的国民经济发展水平和发展速度。微观经济环境主要是指企业所在地区或所服务地区的消费者的收入水平、消费偏好、储蓄情况、就业程度等因素。这些因素直接决定着企业目前及未来的市场大小。

重要监视的关键经济变量有 GDP 及其增长率、可支配收入水平、利率、通货膨胀率、劳动生产率水平、汇率、价格波动、货币与财政政策等。

3. 社会文化环境(sociocultural factors)

社会文化环境包括一个国家或地区的居民教育程度和文化水平、宗教信仰、风俗习惯、审美观点、价值观念等。文化水平会影响居民的需求层次;宗教信仰和风俗习惯会禁止或抵制某些活动的进行;价值观念会影响居民对组织目标、组织活动以及组织存在本身的认可与否;审美观点则会影响人们对组织活动内容、活动方式以及活动成果的态度。

4. 技术环境(technological factors)

技术环境除了要考察与企业所处领域的活动直接相关的技术手段的发展变化外,还应及时了解:"①国家对科技开发的投资和支持重点。②该领域技术发展动态和研究开发费用总额。③技术转移和技术商品化速度。④专利及其保护情况等"。

（二）SWOT分析法

SWOT是进行企业外部环境和内部条件分析，从而寻找二者最佳可行战略组合的一种分析模型。由美国旧金山大学的管理学教授韦里克（Heinz Weihrich）在20世纪80年代初提出来的。其中，S（strengths）代表企业的长处或优势；W（weaknesses）代表企业的弱点或劣势；O（opportunities）代表外部环境中存在的机会；T（threats）代表外部环境所构成的威胁。

早在20世纪60年代，就有人提出过SWOT模型中涉及的内部优势、弱点、外部机会、威胁等变化因素，但只是孤立地加以看待，SWOT模型用系统的思想将这些似乎独立的因素相互匹配起来进行综合分析，有利于对组织所处情景进行全面、系统、准确的研究，制订发展战略和计划以及与之相应的发展计划或对策。

其中优劣势分析主要是着眼于企业自身的实力及其与竞争对手的比较，而机会和威胁分析将注意力放在外部环境的变化及对企业的可能影响上。

1. 机会与威胁分析（OT）

机会与威胁分析实际上是企业环境分析。随着经济、社会、科技等诸多方面的迅速发展，特别是世界经济全球化、一体化过程的加快，全球信息网络的建立和消费需求的多样化，企业所处的环境更为开放和动荡。这种变化几乎对所有企业都产生了深刻的影响。正因为如此，环境分析成为一种日益重要的企业职能。

环境发展趋势分为两大类："一类表示环境威胁；另一类表示环境机会"。环境威胁指的是环境中一种不利的发展趋势所形成的挑战，如果不采取果断的战略行为，这种不利趋势将导致公司的竞争地位受到削弱。环境机会就是对公司行为富有吸引力的领域，在这一领域中，该公司将拥有竞争优势。

2. 优势与劣势分析（SW）

识别环境中有吸引力的机会是一回事，拥有在机会中成功所必需的竞争能力是另一回事。每个企业都要定期检查自己的优势与劣势，这可通过"企业经营管理检核表"的方式进行。

由于企业是一个整体，而且竞争性优势来源十分广泛，所以，在做优劣势分析时必须从整个价值链的每个环节上，将企业与竞争对手做详细的对比。如产品是否新颖，制造工艺是否复杂，销售渠道是否畅通以及价格是否具有竞争性等。虽然竞争优势实际上指的是一个企业比其竞争对手有较强的综合优势，但是明确企业究竟在哪一个方面具有优势更有意义，因为只有这样，才可以扬长避短，或者以实击虚。

第四节　分析报告的撰写

　　竞争情报采集和分析工作完成之后,分析报告的撰写也是相当重要的,其目的在于,共享竞争对手情报分析成果,最大限度地发挥竞争情报产品的作用。

一、竞争情报产品分类

　　按照竞争情报产品的表现形式,主要有资讯简报、预警报告、竞争对手档案、专题研究报告等。

　　1. 资讯简报

　　资讯简报以简讯的形式反映竞争对手动态和行业发展的最新资讯,是企业竞争情报产品最常见的产品形式,可以有多种形式,如:每日信息、每日参考、简报、快报、快讯、竞争对手发展动态等。其内容主要围绕竞争对手的最新发展动向、行业最新动态、相关领域的政策法规动态以及其他相关的重大新闻等。根据其产品提供的频率不同,资讯简报又可以分为每天一次、一周一次、半月一次或一月一次。或者是每个季度或年度进行信息整合,产生年度综合分析报告。资讯简报形成后,便可通过 E-mail、纸质期刊、公司内网平台、微信群等多种媒介进行发布,以供相关部门的领导和员工进行阅读。

　　2. 情报预警报告

　　是根据所掌握的情报信息,分析和预测竞争者可能采取的进一步行动,在全面把握政策和市场竞争环境的前提下,发现自身可能存在的危机,为本企业的战略决策和战术行动提供相应的预警信息。这种情报分析产品比资讯简报要深入得多,同时对于信息分析人员的能力要求也要高很多。它要求信息分析人员对掌握的竞争对手动态信息进行进一步的分析、分析和发现竞争对手可能要采取的行动,评估每种可能的行动对本企业可能造成的影响和威胁,及时向企业管理人员与全体员工发布预警信息。

　　3. 竞争对手档案

　　是竞争对手分析报告的附带成果,在竞争情报信息搜集的过程中,信息分析人员不断积累情报分析源,尤其是人际情报信息源,将其详细记录在档并形成规范的人际情报网络图表,转化成信息分析团队的财富,同时变成企业的重要资源。

4．专题研究报告

是针对某项重大事件或者问题，根据企业管理层的需求，围绕该问题搜集与参考大量的竞争对手信息，经过综合分析、加工处理，形成深度的研究报告。专题分析报告根据其完成的报表和表现形式不同可以分为主题报告、书评报告以及综述报告等。

二、分析报告的结构

与一般研究报告相同，从结构上来看，分析报告是由题目、绪言、正文、结论、参考文献、附录等几个部分构成。

1．题目

题目是研究报告不可或缺的部分，是对研究报告内容的高度概括和提炼，应具有简洁、醒目、新颖和引人入胜的特点。根据需要，可以采用单标题、主副标题或冒号并列标题等更好地表达研究报告的内容。

2．绪言

绪言主要交代研究报告制作的原因、目的、意义、背景、方法以及阐明课题的基本情况，如研究状况、水平等。一般来说，绪言是为分析和论证主体作铺垫的，应注意简明扼要。

3．正文

正文是研究报告的核心部分，主要包括信息分析的依据和数据、分析和论证采用的方法以及详细分析、论证的过程。当然不同类型的研究报告，其侧重点也是不一样的。如：预测性研究报告的正文在分析研究大量已知信息的基础上，要重点阐明预测的依据、方法（或模型）、过程和结果；述评性研究报告的正文要先进行叙述，再进行恰如其分的评价等。

4．结论

结论是对研究报告主要内容的总结，是对报告中重要的、新颖的观点、结论、建议、方案、展望等的精练叙述。在制作的过程中，注意结论与正文中的论述紧密呼应，既要防止拼凑或提出没有充分理由和根据的结论和建议，也要避免轻易放弃应该坚持的观点或必要的建议。

5．参考文献

研究报告的最后要列出撰写这篇报告时所参考过的文献目录。目的是提高用户对于研究报告的信赖程度，同时，也为别人进行类似课题研究提供线索。

6.附录

在研究报告中,通常把一些经常引用的图、表、数据以及技术经济指数等重要资料作为附录,统一集中放在结论或者建议部分的后面。

三、撰写分析报告的基本要求

一份分析报告是否有意义,取决于它的质量,分析报告撰写必须遵循以下基本要求:

1.科学性

科学性是科学研究成果的生命所在。分析报告的表述必须观点正确、材料可靠,论证要以事实为依据,无论是阐述因果关系,结论的利弊和价值,结论的实用性和可行性,都必须从事实出发。推理要合乎逻辑,不可无根据地臆断。

2.创造性

创造性是衡量研究报告质量水平高低的重要依据。人们没有提出过的理论、概念、教育教学新方案,新的实验方法,人们没有观察到的现象,在实验和报告中第一次获得的新的数据等,都是创造性的研究成果。

3.规范性

分析报告的表述虽无定法,但有常规可循。在撰写分析报告时,要按照一定的格式,不能忽视最基本的规范要求。写作之前要有明确的计划和提纲,要根据研究的结构特点和逻辑顺序,研究课题的任务和内容,来考虑表达的形式和表述的方式。

4.可读性

为了便于传播和交流,分析报告的表述应具有可读性。语言阐述必须精确、通俗,在不损害规范性的前提下,尽可能使用简洁的语言。专门的名词术语,可以用,但不能故弄玄虚。文字切忌带个人色彩。一般不采用比喻、拟人、夸张等修辞手法;不可把日常概念当作科学概念,不宜采用工作经验总结式的文字。一篇高质量的论文,不仅要有创见,也要讲究辞章,达到科学与文学,科学与美学的最佳结合。

四、分析报告的撰写程序

俗话说:"有了好布料,不等于有了好衣服。"把第一手材料变成研究成果,需要经过思维加工和文字加工过程,这是一个再创造的过程。要写好分析报告,必须

抓住以下几个环节:

1. 草拟详细的写作提纲

撰写者必须统筹规划好报告的结构,组织材料,草拟提纲。拟定报告撰写提纲的过程,实际上是对所从事的研究工作进行全面总结和构思的过程,对搜集到的大量材料,经过比较、提炼,进行必要的取舍和增删,精选出最有价值的论点和论据。并对篇章结构、中心思想、内容表达层次,每一章节叙述什么内容,穿插哪些图表、照片,都要做缜密考虑。先列出粗纲,然后修改补充为详细提纲。有了详细提纲,便可以从全局着眼,开始撰写。

2. 撰写初稿

撰写初稿是撰写过程的中心工作。对分析报告的三个主要组成部分(引言、正文、结论)的写作要求分别阐述如下:

(1)引言

引言是研究报告的开场白。引言部分必须说明进行这项工作的缘由和重要性;前人在这一方面的研究进展情况,存在什么问题;本研究的目的,采用什么方法,计划解决什么问题,在学术上有什么意义等。要求简明扼要,直截了当。不同类型的分析报告还有各自的具体要求,前面已有叙述。应该指出的是,有的人在文章中对前人的工作随意否定,或轻易断言"此问题前人没有研究过",属于"历史空白",这是不妥当的。

高尔基说过,开头的第一句是最困难的。分析报告有多种开头方法:"有的采用开门见山的方法直入主题;有的提出问题引入主题;有的从交代研究的目的和要求逐步展开"。怎样开头为好,应根据分析报告的内容、写作的风格等因素全面考虑后确定,但必须防止面面俱到,不着边际,文不对题;或一步登天,言尽意止,不留余地等毛病。

(2)正文

正文是分析报告的主体,占报告的绝大部分篇幅,是分析报告的关键部分,体现着报告的质量和水平。所以,必须重视正文部分的撰写。

各种不同类型的分析报告在正文部分叙述的内容不尽相同,但要写好正文部分,都必须掌握充分的材料,然后对材料进行分析、综合、整理,经过概念、判断、推理的逻辑过程,最后得出正确的观点,并以观点为轴心,贯穿全文,用材料说明观点,做到材料与观点的统一,这是基本的要求。对初学者来说,往往易出现两种毛病:"一种是只限于表述自己的论点,而缺乏科学的论证,只有论点,没有材料,缺乏说服力;另一种是罗列大量材料,平铺直叙,看不出其主要论点是什么,出现上述毛病的原因就在于没有以确凿的论据来说明论点,做到论点与论据的统一"。为了科学、准确、生动形象地表达研究成果,提高说服力和可信性,还应减少不必要的文字叙述,而采用图、表、照片来集中反映数据和关键的情节。当然,选用的图、表、照片也要注意少而精,准确无误。

(3)结论

分析报告的结论部分是作者经过反复研究后形成的总体论点,它是整篇报告的归宿。结论必须指出哪些问题已经解决了,还有什么问题尚待研究。有的报告可以不写结论,但应做出简单的总结或对结果开展一番讨论;有的报告可以提出若干建议;有的报告不专门写一段结论性的文字,而是把论点分散到整篇文章的各个部分。不论是哪种类型的研究报告,都必须总结全文,深化主题,揭示规律,而不是正文部分内容的简单重复,更不是谈几点体会,喊几个口号。写结论必须十分谨慎,措辞严谨,逻辑严密,文字简明具体,不能模棱两可,含糊其辞。

3.修改定稿

鲁迅先生说过,写作时不要十步九回头,写完后不要一去不回头。任何文章只要仔细审阅,都会发现或大或小的问题。文章写完后必须回头认真修改。

有的人感到修改比写初稿还难,确有其事。因为初稿是自己精心写出来的,自己觉得很恰当的才写进去,要自己去发现哪些地方不恰当就不那么容易了。只有对自己高标准、严要求,才能修改得好,修改初稿首先要经过反复审阅,对那些可有可无的叙述要大刀阔斧地砍掉,毫不痛惜。当然,初稿写好后,可以不必马上修改。因为人的思维有"滞后性"——写完就修改,往往跳不出原构思的"圈子"。所以放一段时间后再修改,原先的思路淡薄了,或许能得到新的启发,这时修改的效果就会更好些。

一篇分析报告经过反复修改后,还应当请人指教,再行修改,要有"不耻下问""登门求教"的精神。只有经过精雕细刻,精益求精,才能达到比较成熟的程度。

总之,撰写分析报告要有"三严"的精神,即严肃的态度、严谨的学风、严密的方法。报告必须达到"五性"要求,即科学性、客观性、公正性、确证性、可读性。这样的报告才可能成为具有一定的质量的研究成果。

五、撰写分析报告应注意的几个问题

1.重点应放在介绍研究方法和研究结果方面

分析报告的价值是以方法的科学性和结果的可靠性为条件的,而这两者又有内在的联系,因为只有研究方法是科学的,才能保证研究结果是可靠的。人们阅读或审查科研报告,主要关心的是如何开展研究,在研究中发现了什么问题,这些问题解决了没有,是如何解决的,研究结果在现阶段达到什么程度,还有什么问题需要继续解决等。因此,写作分析报告,主要精力应花在方法和结果部分,把研究方法交代清楚,使人感到该项研究在方法上无懈可击,从而不得不承认结果的可靠性。

2.理论观点的阐述要与材料相结合

在分析报告中怎样使自己的论点清晰有力地得到论证,这是应关注的核心问题。正如前所述,论点的证实除了必须依靠逻辑的力量外,还需要依靠科学事实的支撑,做到论点与事实相结合。分析报告一定要有具体材料,尊重事实,从事实中提炼出观点。

首先在论述过程中要处理好论点与事实的关系,要求研究者首先选好事实。除了要注意事实的典型性、科学性以外,还要善于用正反两方面的事实来说明问题,揭示出普遍规律。其次要恰当地配置事实,用事实来论证,以帮助人们理解不熟悉的论点,支持新的论点和批驳旧的错误的论点,阐明蕴含丰富而深刻的论点。当然,并非所有的论点都要用大量的事实来论证。

3.要实事求是

分析讨论要不夸大,不缩小;敢于坚持真理。不为权威或舆论所左右;在下结论时要注意前提和条件,不要绝对化,更不要以偏概全,把局部经验说成普遍规律。

第五章　高校图书馆信息服务创新研究

在图书馆,服务是一个永恒的主题。王世伟先生曾经说过:"服务是图书馆存在的理由。"图书馆是为读者而存在的,失去读者也就失去了存在的意义。虽然信息技术的不断进步潜移默化地影响着图书馆各个方面的发展,但是"服务"是图书馆永恒不变的宗旨,它是图书馆工作的精髓和本质要求。J.谢拉曾经说过:"服务,这是图书馆的基本宗旨"。

服务不仅是图书馆工作人员在工作中的具体表现,更是精神和信仰的集中体现。印度图书馆学家阮冈纳赞出版《图书馆学五定律》,这一著作不仅是图书馆事业发展的基石,更是对图书馆服务理念的至高无上的体现。而后,美国著名的图书馆学家迈克尔·戈曼提出了图书馆学新五定律,它是对老五定律的升华及延续。图书馆学新五定律的提出如戈曼先生所说:"是站在我们职业的巨人肩上,以当今图书馆及其未来发展趋势为背景,对阮冈纳赞的图书馆学五定律所蕴含真理的重新解释"。从图书馆的服务理念从无到有,从简单到复杂,服务一直都是图书馆赖以生存的生命线。如何更好地理解和深入挖掘图书馆学新老五定律,并将图书馆学新老五定律的服务精髓应用到图书馆的实际工作中,这是当前图书馆员应该深入思考的问题。

第一节　高校图书馆信息服务理论基础
——图书馆学五定律

一、阮岗纳赞的图书馆学五定律

印度图书馆学者阮冈纳赞提出的图书馆学五定律对图书馆服务工作的影响史

无前例、甚为深远。其主要内容是：

书是为了用的(book sare foruse)；每个读者有其书(every reader has his book)；每本书有其读者(every book has its reader)；节省读者时间(save time of reader)；图书馆是一个生长着的有机体(library is a growing organism)；从表面上看这五条定律形式及内容非常简单、普通，并无特殊之处。殊不知，仔细揣摩与理解，其深刻内涵为人所倾倒。

图书馆学五定律点出了图书馆从最初的发展到现在所追求的终极努力目标，它被图书馆界尊奉为经典理论，首先，第一定律"书是为了用的"，这是图书馆学的基本定律，它指出了图书馆工作职能的精髓是使图书馆的资源得以完全的利用，只有做到了这最基本的一点，图书馆的一切服务工作才得以顺利开展。第二定律"每个读者拥有其书"，它是五定律内容的核心所在，是指每个读者皆可阅读自己所钟爱的图书。服务是大众性的，它必须抛开由于某些原因所造成的差别，如性别、年龄、文化程度以及社会身份不平等的差别等，让每个读者拥有其书，让每一位读者都能在公平的环境下享有图书馆的资源。第三定律"每本书有其读者"，其基本理念为让每一本书都能得以适用，再进一步说就是每本书都能安放在真正需要它们的读者手中。它是"读者为本"理念的最完美体现。第四定律"节省读者时间"，它指出了，在图书馆读者的利益高于一切，图书馆工作人员只有本着这种服务理念才能使读者对图书馆服务充满信心。第五定律"图书馆是一个生长着的有机体"。指出图书馆要想始终保持着与时俱进的良好状态，就必须不断发展与壮大，要时时刻刻适应社会的发展和需求，以发展的眼光看待未来。第五定律也是图书馆不断发展的理论依据。读者是上帝的服务宗旨无论在现在、还是未来的图书馆都是图书馆工作人员信奉的真理，这一真理历久弥新，经得起时间的考验。

二、迈克尔·戈曼的图书馆学新五定律

美国著名的图书馆学家迈克尔·戈曼(Michael Gorman)在阮冈纳赞的基础上，又提出了图书馆学新五定律。它是对印度著名图书馆学家阮冈纳赞"图书馆学五定律"的升华和延续，它对于现代图书馆工作具有更重要的指导意义。第一定律"图书馆服务于人类文化素质"；第二定律"重视各种知识传播的方式"；第三定律"明智地采用科学技术，提高服务质量"；第四定律"确保知识的自由存取"；第五定律"尊重过去，开创未来"。迈克尔·戈曼提出的图书馆学新五律的本质和精髓也是服务。因为无论什么时代，服务都是图书馆工作所追求的终极目标。新技

术的蓬勃发展给图书馆未来的发展带来了前所未有的光明,但是光明的道路上却是充满了荆棘与困难,但是图书馆新五律的提出对图书馆当前和未来的工作指明了方向。它运用了客观的、科学的理性分析及预测,对当今及今后图书馆工作中可能遇到的问题,给出了重要的理论性的解决依据。图书馆要想在时代发展中立于不败之地,其制胜武器就是提供满意优质的服务。这不仅仅是图书馆作为文献信息存储、交流中心的需要,也是其作为文化、文明中心所在。所以说,服务是一切工作的重中之重,只有做好了服务,也就找到图书馆工作发展的方向。

第二节 高校图书馆信息服务创新的动力

一、信息服务创新的驱动力

随着现代信息技术和网络技术的飞速发展,图书馆正在由传统图书馆向现代图书馆发展进行转变。传统的文献服务已经不能满足读者对信息资源新的要求,在网络环境下,读者信息需求的新特点向多种类型发展。

1. 多样性的需求特点

当代用户的信息需求已经不仅仅局限于图书、专著和期刊,他们把目光和焦点更多的投向于内部出版发行的资料,如会议文献、讲座报道以及优秀硕博学位论文等。因为这些内部资料能够满足信息用户的个性需要,特别是这些内部资料能够对当前学术研究的进程以及社会的真实近况有更全面、真实的介绍和报道。随着信息技术的快速发展以及互联网如雨后春笋般的快速普及,信息用户对网络的依赖性更加明显,他们需要通过网络来获得大量的信息资源,以满足他们日益增长的信息需求。这些客观环境无疑对信息服务者在收集、加工和整理信息时提出了更高的要求。

2. 专深性的需求特点

高校图书馆的信息服务对象主要是从事教学、研究的教师和需要到图书馆借阅图书、上网查找资料的本科生及硕士、博士生。高校教师作为信息用户,是因为他们除了承担教学任务以外还要承担着学科的课题研究及培养学校的高学历人才的任务,这些都要求他们要不断地发表学术论文,了解本学科科研的进展情况。他们作为特殊的读者群,对信息的要求非常之高。不仅要求信息资料的内容具有最新性、时效性,还要求信息资料来源要准确而且全面。在校大学生作为图书馆的普通读者群,图书馆的信息需求特点是个性化。因为他们多是出于对个人信息的需求,主要是借阅专业课的相关书籍,写调查、研究报告或参与导师的课题研究等。高校图书馆的信息用户群对信息的需求呈现一定的专深性、广阔性。

3.时效性的需求特点

目前,在图书馆查询信息的大多数信息用户抱怨他们获得的信息缺乏时效性。产生这一现象的主要原因是信息技术的不断发展,互联网的普及,促使信息用户对具有时效性的信息需求更为迫切。再者,由于学科的相互关联性越来越明显,科学研究不可避免地要向相关学科领域拓展,致使相关科学文献的数量增长呈上升趋势,文献老化速度随之加快。这些因素都使信息用户在进行课题研究时遇到了困难,他们希望能够获得大量最新信息,并借助这些最新信息做出正确决策。

4.自主性的需求特点

随着信息技术的日新月异,互联网的迅速普及,在当今时代,几乎所有高校信息用户通过网络的平台都能熟练掌握计算机的基本操作。高校信息用户的信息意识不断提高,他们已经能熟练掌握了获取基本网络信息的方式和手段。例如,利用百度等搜索引擎,熟练发送 E-mail,参与社区论坛的评论等。高校信息用户的自主性需求特点日趋明显,他们在图书馆接受信息服务时更喜欢自己查找相关网络资源。

二、信息服务创新的内在动力

1.可持续发展战略

可持续发展战略是高校图书馆有关自身发展的一个长期规划,也是指导高校图书馆开展各项服务活动的根本准则。高校图书馆将创新作为可持续发展战略的重要组成部分,同时以可持续发展战略来促使创新活动系统、有效地进行,这样才能在日益激烈的竞争环境中谋求自身的发展,获得竞争优势。

2.馆员

高校图书馆的服务是一个通过馆员和读者之间一系列的交互作用的过程,馆员在图书馆服务创新活动中起到关键的作用。首先,馆员在与读者的交互过程中能够最直接的掌握读者的需求,从而产生较多的创新思想;同时馆员还能根据自身的知识和经验为高校图书馆提供有价值的创新思路。其次,高校图书馆的各种创新活动也是由内部的馆员来具体实施的,并在实施过程中及时发现问题,解决问题。

三、信息服务创新的外在动力

1. 竞争环境

随着因特网的发展,信息服务与信息检索已经成为全球商业竞争的市场之一。特别是在非公共信息资源领域,如数据库开发、网络搜索服务、商业化数字图书馆、商业化的文献传递等,市场竞争尤其激烈。为争夺和抢占市场,获得竞争优势,一些信息资源生产者和提供者会不断扩大信息资源生产和提供规模,提高信息产品质量和信息服务质量。市场竞争促使了信息资源所有者完成了信息资源的生产、提供和共享,并使参与服务的机构不断增多,市场规模不断扩大。高校图书馆的信息服务面临着严峻的挑战,同时也注入了巨大的发展动力。

2. 政策环境

为适应知识经济时代快速发展的要求,党和政府制定并实施了"科教兴国"战略,通过发展科学技术与教育来推动经济的发展。高校是国家创新体系中"知识创新"的重要基地,而高校图书馆作为高校的一个重要部门,应该将自身的创新纳入到整个国家创新体系中来。在新修订的《普通高校图书馆规程》中指出:"高等学校图书馆是学校的文献信息中心,是为教学和科学研究服务的学术性机构,是学校信息化和社会信息化的重要基地。"这就要求高校图书馆要充分利用现代信息技术,努力建设包括馆藏实体资源和网络虚拟资源的文献信息资源,并对这些资源进行科学的加工整序和管理维护,以便更好地为教学科研服务。

3. 技术环境

高校图书馆技术发展的水平直接影响着高校图书馆信息服务工作的开展。没有先进的技术就无法充分发挥其所拥有的各种资源的作用。高校图书馆信息服务技术开发能力与高校图书馆利益目标的有机结合,产生并强化了高校图书馆从事信息服务技术开发的动机,同时又为实现高校图书馆的信息服务目标提供保障。

4. 用户信息需求的不断发展、变化

在网络化、数字化环境下,用户对信息的需求无论从广度和深度上都发生了巨大的变化,对所提供信息的质量也有了更高的要求。同时用户获取信息的方式也越来越依赖于网络。概括来说网络化、数字化环境下的用户需求有以下特点:

(1)多样化

网络环境下,传统文献已经不再是主要的信息源,电子型、数字型文献的需求增多。即用户对信息的需求不再仅限于传统的印刷型文献,正在向电子化、数字化、网络化信息资源的方向发展,信息需求也呈现出全方位、社会化趋势,不仅需要科学、技术研究所需要的信息,而且要求有关社会和生活方面的各种信息。

(2)个性化

网络环境下用户的信息需求已不满足于简单的信息提供,而是要求深入到信息中的知识内容,进行挖掘、开发和利用,要求图书馆开展集成化、个性化的服务。特别是一些专业用户,如高校各学科带头人、科研机构的人员、研究生等,要求图书馆将本专业或相关的信息、知识加以集中,将有关某一主题多方面地进行搜集、整理、筛选和重组,提炼出对这些用户的研究、生产和学习有帮助的信息资源。使这些用户不必亲自去熟悉各种中外文数据库的检索方法和技巧,个性化服务是目前高校图书馆服务创新研究的热门趋势,有很大的发展空间。

(3)自助化

传统用户信息需求的满足主要是通过与馆员面对面的正式交流完成的,而在网络环境下,非正式交流逐渐成为信息交流的主要手段,即用户往往通过自助的方式来完成与图书馆的交流。如:"网上数据库的检索、电子邮件、网上论坛等手段"。读者可以不用亲自到图书馆来就能享受到基于网络的服务,就算到图书馆内也愿意利用馆内的检索设备自行检索所需的信息。这就要求高校图书馆不断完善自动化设施,丰富网上的服务内容,搞好用户培训工作,为读者能够顺利地完成自助服务创造便利条件。

总之,网络化、数字化环境下用户的信息需求在不断地发展、变化,这种信息需求的变化也是高校图书馆进行服务创新的外在驱动力,高校图书馆只有适时地跟踪、研究用户需求的变化,才能根据用户需求的变化不断地在服务内容、服务手段上有所创新,以适应不断变化的用户需求。

在外在动力中,用户需求的变化是一个主要的动力,对高校图书馆服务创新活动起着非常重要的作用。随着高校图书馆在创新活动中变得越来越主动,创新意识的不断加强,内在动力比外在动力变得更加重要。

第三节　高校图书馆信息服务创新理论研究

一、现代服务创新的相关理论

(一) 创新概念的来源

"创新"一词来源于拉丁语里的"innovare",意思是更新、制造新的东西或某种改变。事实上创新的概念很难界定,很难回答哪些事物是创新或不是创新。目前国内外都比较认同把经济学和管理学意义中的创新含义作为对创新的界定,这种界定也就是著名美籍奥地利经济学家约瑟夫·熊彼特在其著作《经济发展理论》中的定义:"创新是指新产品的开发、新市场的开拓、新生产要素的发现、新的生产经营过程的引入以及新组织形式的实施"。熊彼特在创新概念的界定中非常强调"组合"的作用,在他的思维框架中,创新被看作是把一种从没有过的关于生产要素的"新组合"引入生产体系当中。

"新组合"包含以下五个方面:

①引入新产品,即"产品创新"。②引入新的生产方法或新工艺,即"过程创新"。③开辟新的市场,即"市场创新"。④取得或控制原材料或半制成品的一种新的供给来源,即"输入创新"。⑤实现新的产业组织方式或企业重组,即"组织创新"。

由此可见,熊彼特对创新含义的理解是相当广泛的。他认为创新就是各种可提高资源配置效率的新活动,这些活动不一定与技术相关,但与技术相关的创新("产品创新""过程创新")是熊彼特创新的主要内容。从总体上讲,熊彼特的创新概念包含了很广的范畴,既涉及产品创新,又涉及市场、组织和运营过程等形式的创新。他的这一理论也为今后服务创新理论的研究奠定了基础。

(二) 服务创新的概念

从广义上讲,服务创新是指一切与服务相关或针对服务的创新行为与活动,从狭义上讲,服务创新就是指发生在服务业中的创新行为与活动。由此可见,服务创新的概念相当宽泛,即服务创新活动不只局限于服务业本身,同样存在于其他产业和部门。服务创新发生的范畴可分为三个层次:"服务业;制造业;非营利性的公共部门"。由于服务在本质上是一个过程,具有"无形性""易逝性"和"不可储存性"等特点,因此服务创新也具有不同于技术创新的独特特征。

(三)服务创新的基本特征

1. 无形性

技术创新是一种有形的活动,结果也是一种有形产品,而服务创新则是一个无形的过程,其结果也是一种无形的概念、过程和标准,比如一种新的服务方式,新的服务理念。

2. 多样性

正如前面提到的有关创新的概念,服务创新中不仅包括技术创新,非技术创新也是一个更为重要的因素。服务创新的类型不仅包括产品创新、过程创新、市场创新和组织创新,还包括"专门创新""传递创新""形式化创新"和"社会创新"等形式。

3. 用户导向性

相对于技术创新的技术导向性,服务创新则更多地以用户的需求为导向,通过对用户需求的研究,能更好地推动服务创新,用户不仅推动服务创新活动,而且还积极地参与到创新过程中来。

4. 交互性

服务创新的交互性体现在两个方面:

一是与用户的交互,即前面提到的以用户需求为导向,与用户的互相沟通中进行创新活动,用户的思想是创新的重要来源;二是企业内部的交互作用,包括领导与员工、员工之间进行的交互作用,即相互学习、交流,把员工头脑中的隐性知识转化为显性知识,达到知识共享的效果,以更好地推动创新活动的进行。企业内部这种相互交互作用尤为重要,质量的好坏也直接影响到创新的效果。

5. 渐进性

服务创新的过程实际上就是在原有服务的基础上进行提高的过程,过程是渐进性的,较少有根本性的创新。

二、高校图书馆信息服务创新模式理论基础

（一）高校图书馆信息服务模式概述

1. 模式的概念

"模式"是指构成事物的诸要素之间，相互联系、相互制约、统一协调、持续发展的规律的外在表现形式或形态。模式来自实践，并经实践验证。我们常说的行之有效的模式是指经过实践验证，可以被人们依照行事的标准样式。它符合事物本质的属性，可以规范人们的行为，具有示范作用。

2. 高校图书馆信息服务模式

高校图书馆信息服务模式是指为满足高校内信息用户与校外信息用户的需求为追求目标的信息服务的方式、方法。它要求信息服务方式的开展要在特定的时期内，有区域和社会发展条件的限制。高校图书馆信息服务模式反映了组成信息服务各要素之间的连带关系，它是对信息服务要素的构成、相互作用方式的抽象说明和概括。高校图书馆信息服务模式并不是单指理论意义上的固定不变的标准的信息服务模式，而是指实践意义上的对不同经济发展地区的高校图书馆开展信息服务可提供借鉴作用的一种较为固定的信息服务方法、途径和样式。

（二）高校图书馆信息服务模式构成要素

高校图书馆信息服务活动是指以高校信息用户需求为导向、以高校内信息服务提供者为连接桥梁、将信息服务内容与信息服务对策作为基础和手段的信息服务活动。继而，可以推出，高校信息用户、高校信息服务提供者、信息服务的内容、信息服务对策及保障机制构成了高校图书馆信息服务模式。

1. 高校信息用户

指高校信息服务提供者针对服务的信息需求对象，或者是具有信息服务需求的高校部门机构或个人，除此之外也包括部分社会信息用户。可以说，在高校里，无论何种部门、从事何种技术职务工作、具有何种技术专业水平都需要利用信息来完成相关的工作。所以说，高校图书馆信息服务的用户具有数量大、信息质量要求较高的特点。可以将高校图书馆信息用户按照不同标准分为不同类别。例如，以用户数量、规模为标准分为单位用户和个人用户；以用户工作所处环境分为校内用户和校外用户或社会用户；以用户对信息资源的利用分为过去信息用户、当前信息

用户和未来信息用户等,在实践中往往根据多种标准进行综合性的用户分类。

2.高校信息服务者

指高校图书馆采访咨询部门及具有情报专业知识的信息服务工作人员。高校信息服务主要是由高校图书馆提供的,它是公益性质的服务。特别强调的是,在本书研究中所指的信息服务者是国内高校图书馆从事公益性质信息服务的工作人员。

3.高校信息服务内容

由于高校信息用户的信息需求具有范围广、内容种类多样、差异性较大等特点,这就决定了信息服务工作者在提供信息服务时需要对信息服务内容分门别类,以便更好地满足信息用户的需求。简单来说,信息内容可以从以下几个视角进行分类。从信息服务内容视角看,信息用户作为社会中的一分子,需要掌握种类繁多的信息。这是因为,社会作为一个系统纷繁复杂,许多机构、部门包含其中,其涉及内容更是五花八门,所以信息用户只有完全熟知并掌握各种信息,才能在日常学习工作生活中,想出正确的决策,做出正确的决定。从信息服务所需载体看,信息载体可由多种形式充当。例如,最常见的声音载体,指用声音传播的信息服务;实体物质载体,以书、报为载体的信息服务。除此之外,以高科技发展为依托的因特网、光盘为基础的服务。

4.高校信息服务策略

高校信息服务策略是指高校信息服务者为更好地满足高校信息用户的信息需求而制定或设计的各种服务方式和手段的最佳组合及其运用。高校信息服务策略为高校信息服务顺利进行提供了有力的保障。笔者认为,高校信息服务策略同样可以采用多视角分析的方法。例如,高校信息服务提供者与高校信息用户之间的联系、作用程度,分为直接信息服务和被动信息服务;从高校信息服务是否有偿,分为营利信息服务和非营利信息服务;从高校信息用户获取信息服务的自愿程度,分为自愿接受信息服务和非自愿接受信息服务等。

5.高校信息服务模式保障机制

高校信息服务模式保障机制是运作模式可持续健康发展的重要支柱,它包括政策法规、制度条例、组织、人员、技术、设备等方面内容。

三、高校图书馆服务创新的主要运行模式

(一)以引导自助型服务为基础创新模式

智慧时代高校图书馆的自助服务主要是基于以用户为中心的建设理念,提供满足用户个性化信息需求的服务模式,体现用户的主体地位与个性需求,保护用户隐私,以期加强用户的自主意识,鼓励用户参与。高校图书馆的常规化服务和基础服务将主要通过图书馆的统一门户、自助服务平台或者用户自身的终端设备实现和完成。根据用户的兴趣爱好、信息需求特点、信息行为习惯自行利用图书馆提供的各种资源和服务,通过用户自主式参与实现自助服务,无须人工干预。湖南大学图书馆启动的"读者服务系统",该系统由面谈式服务模式、网络虚拟式服务模式以及读者自主式服务模式构成,检索的内容包括借书、咨询、查新、阅览、自习、平面图六大部分,向在校师生提供图书馆馆藏与服务信息的检索与查询。

引导自助模式的目标是实现用户的自主化参与服务,最大限度地提升图书馆服务的智能化、高效化、便捷化,实现高校图书馆资源的优化配置,构建以自助服务为导向的现代化高校图书馆。

高校图书馆的自助服务体系主要包括自助检索系统、自助借还系统、自助文印系统、自助缴费系统、自助座位管理系统、研读空间自助预定管理系统、基于 RFID 的自动定位系统、网络自助服务和移动自助服务。

1. 自助查询系统

包括图书馆馆藏书目的查询、电子资源的查询、座位与空间的查询以及图书馆的服务模块和流程查询等主要内容,通过自助查询终端一站式获取用户需要获取的信息和服务。

2. 自助借还书系统

主要是指基于 RFID 的自助借还服务,支持实现的设备包括自助借还机和 24 小时自动还书箱,可以实现多册图书的同时借还。用户只需要将所需要借的图书拿到自助借还设备制定的区域,阅读器将自动识别统一认证的校园"一卡通",读取图书信息,便可轻松完成借阅。而还书流程更是简便,只要将要归还的图书馆放置指定区域读取,然后放入还书箱,便可完成还书。

3. 自助文印

包括自助打印、自助复印和自助扫描。高校图书馆通常采用校园一卡通作为

自助文印的身份认证方式与扣费手段,用户持卡便可在图书馆的任何自助文印点进行打印、复印和扫描。例如北京大学图书馆为了方便用户使用,推出了基于校园一卡通的自助文印与扫描服务,用户只需凭借手中余额大于 0.2 元的校园一卡通,便可轻松自如地在图书馆的各个自助文印服务点进行自助打印、复印和扫描。

4. 自助缴费

指的是用户通过自助缴费设备完成的自助缴罚款的服务。用户可在校园内任意一台自助服务一体机上,使用校园卡完成缴费功能。

5. 自助座位管理系统和研读空间的自助预定管理系统

用户可以通过在线查询预约图书馆座位和研讨空间,也可以通过图书馆的座位管理或者研讨间管理系统实现自助查询和预约,还可以通过电话查询与预定。

6. 基于 RFID 的自动定位系统

能够自动定位图书存放的位置,通过 OPAC 查询到图书信息之后,可以详细查看图书的馆藏精确位置,还可以通过在微机终端或者用户的移动终端显示最优路径信息,结合导航地图,引导用户自主、迅速找到所要查询的文献。

7. 网络自助服务

用户通过访问图书馆网站,借助自助服务平台完成的自助服务。主要有网上自助查询、电子资源检索、利用与获取、网上预约和续借、虚拟参考咨询、网上书刊荐购、自助网上馆际互借、在线阅读、流媒体服务等,通过登录个人图书馆,进行个人账户管理和个人收藏、借阅、书架等的管理。

8. 移动自助服务

指的是基于移动设备终端的自助服务,包括图书馆信息的查询、资源检索与获取、电子书服务、基于位置与情境的信息服务、流媒体服务、参考咨询等服务。

高校图书馆自助服务实现需要自助服务支持环境的支撑和图书馆服务人员的引导。自助服务支持环境的支撑包括有线与无线网络环境的支持、统一的用户认证系统、随处可见的参考咨询服务、随处可用的自助设备和辅助设施以及自助服务使用指南。例如:清华大学的人文社科图书馆为了方便用户查询和指导用户,在馆内建立了电话咨询系统,在每一个信息查询终端都配备了一个咨询电话,摘机即通,用户不需要进行任何操作,拿起电话便有馆员接听,如果占线,将自动转接到下一位咨询馆员,用户可以在图书馆内的任何位置都能随时随地得到馆员的帮助和指导。

据统计国内目前使用 RFID 技术实现自助服务的高校图书馆已经达到 55 所,实现图书馆的自助借还服务、导航服务、感知的 OPAC 系统服务以及一定程度上的自助事务处,实现从办理读者证到借还书等一系列服务流程的一站式、一体化、全方位的服务,这些看似无人值守的自助服务,通过前端服务机与后台强大的管理系统和集成服务,实现用户与图书馆馆员、图书馆资源与服务的互联互通。

(二)以整合共享服务为核心创新模式

高校图书馆、各类图书馆系统及信息服务平台都有数量众多的特色文献资源和数字资源,但绝大部分信息都处于沉睡状态,既不共建共享,也不互通互联,甚至服务也处于有限开放状态,使得信息资源的获取很不便捷,这就需要打破界限,整合高校图书馆信息资源库,共建共享信息成果。

整合共享服务模式是高校图书馆信息资源服务与未来发展的需要。图书馆的数据库以及建立在人工智能基础之上的知识库是图书馆信息资源服务区别于其他信息服务机构的取胜之道。其以专题性、深入性、学科性、知识性的主要特征成为图书馆作为主要信息资源中心的支撑之一。然而由于管理体制、方式上的障碍以及各方面的因素,大多高校图书馆的知识库、数据库无法得到有效整合,成为"知识孤岛"。在智慧时代互联以及大数据的环境下,高校图书馆知识库、数据库的整合,乃至社会专业性机构、全球信息服务机构间的有效协作共享是未来图书馆服务发展的趋势和重要支撑。

高校图书馆整合共享模式的目标是实现资源集成共享和服务集成获取,以实现跨平台的服务集成、跨时空的资源共享、跨部门的深度整合、跨馆际的物流传递,使用户在使用图书馆的过程中可以一站式获取所需要的信息资源和服务,主要是通过集群与协同两种模式促成资源与服务整合共享。

集群服务模式包括基于平台的服务集群和基于空间的服务集群。基于平台的服务集群是指通过建立一个服务集成的平台或系统,将 Web 服务的一站式检索、资源获取、信息导航、个性化定制与推送、移动服务、空间服务、参考咨询、网上虚拟社区互动等集成一个平台,向用户直观地揭示图书馆的资源与服务;而基于空间的服务集群则是指在将图书馆的资源、服务、设备集成于同一个空间,以实现用户在图书馆空间内可以一站式获取图书馆的信息资源和服务,便捷使用图书馆的设备设施,而不需要跨空间跨部门获取。图书馆通过集群化的综合服务模式实现资源的共建性整合、集约性显示、无障碍转换和跨时空传递。图书馆的集群化发展趋势将表现为三大特征:"整合、集群、协同"。在保证各个平台和空间独立运作,履行各自职能的基础上,实现数据的同步交换,资源的整合共享以及保证系统的安全性。

协同服务模式主要分为用户协同、行业协同、地区协同、国家协同以及全球协同等。

用户协同是智慧时代协同服务模式的重要特征,是指集合用户智慧共同创建图书馆服务的行为,例如图书馆"知识工作者社区"的构建。行业协同指的是通过与其他第三方机构的协同合作,实现共建共享。地区协同是通过:"①本地高校图书馆之间的有效合作;②与本地其他各类型图书馆的合作;③跨地区的高校图书馆之间或者与其他各类型图书馆之间的合作"。国家协同则主要指国家与国家之间的高校图书馆战略合作。而全球合作的形式通常是由国际性的行业组织或者图书馆机构牵头合作,为共同促进某一个项目、达成某一个目标或者实现某一个宗旨而形成的全球范围内的合作。比如联合国教科文组织推出的"世界图书馆项目",力求实现全球范围内的知识财富和数字资源整合,包括手稿、珍本书籍、录音、乐谱、电影、建筑图纸等珍贵资源的整合,以实现全球范围的知识共建共知共享。

集群协同需注重用户参与。集群协同的着力点在于用户与用户、馆员与用户、馆员与馆员以及图书馆与图书馆、图书馆与其他社会信息机构的交互信息、服务共建,突破传统的封闭式、分割式、自治式的体制和管理方式,实现基于智能信息技术之上的服务协同,创建读者参与互动式的自主式服务与管理。智慧技术的使用应该融入高校图书馆参与式的用户管理和服务中去。协同模式是高校图书馆服务从分散走向集群,异构趋向统一,自治走向分布的信息协同服务机制。

高校图书馆应努力拓展与其他图书馆、行业机构以及非营利性的社会信息服务机构的合作、融合渠道。通过行业联盟、图书馆联盟或者发展总分馆制使得高校图书馆能够获取其他图书馆、行业机构的文献信息资源,实现最大范围内的文献信息聚合,让用户能够以最低的成本投入获取最需要的信息资源。

(三)以个性开放服务为重点创新模式

智慧时代高校图书馆服务最主要的特征是针对用户个性化信息需求的面向此时此地此情境的信息服务,是根据用户环境,指向特定用户特定需求的个性化服务,是无障碍接入、无障碍沟通、无障碍交互的开放性服务。个性开放模式将用户在虚拟环境与图书馆实体环境下的信息行为结合,将馆藏文献信息与用户信息结合,建立能系统、真实、全面反映用户个性特征和需求特征的用户模型,自动识别和感知用户的当前位置及其所从事的工作、学习、研究内容,实时、主动地为其推送关联信息并提供全方位、一站式的个性化服务。在互联的智慧技术使得高校图书馆在服务时间、服务空间以及服务方式上都得到有效延伸,透明度更高,开放性更强。

任何用户能够随时随地以任何方式无缝接入图书馆服务。高校图书馆采取个性开放的服务模式是注重用户价值的最佳体现，强调用户的参与交互和价值创造。开放性的服务方式是塑造开放创新空间，鼓励用户参与，整合用户智慧和塑造公共价值的关键。

个性开放模式的目标是体现用户参与互动价值的自主式服务，通过用户分析模型以及用户信息行为分析，使用户的个性化需求满足最大化。

个性开放服务强调个性化信息环境的塑造。用户在这种个性化信息的机制和框架下可以实现个人信息的自由组织，进行无障碍的信息交流，充分满足个人要求，使用户能够高效、安全、便捷地获取信息，利用优质的信息资源服务。在个性化信息环境中的信息资源与信息服务基于用户所处的信息情境，针对用户个体需求，尊重用户的个性化选择，更强调关注用户本身。

个性开放服务的主要模式包括个性化知识服务和个性化的移动图书馆服务。

1. 个性化知识服务

由整合集群的个性化知识发现平台、个性化学科服务和个性化定制与推送服务三个主要部分组成。

（1）个性化知识发现平台："不仅能够实现本馆自身信息资源、联盟图书馆信息资源、网络免费资源的一站式跨平台和跨地区搜索而且还能实现针对用户个人兴趣爱好、信息行为习惯、学科背景和研究重点的知识搜索和查询，实现学科化排序"。

（2）个性化学科服务："指针对高校图书馆用户的学科背景和研究领域提供的信息服务"。例如个人图书馆员的设置以及针对学科、研究重点向用户主动推送的学科化服务。

（3）个性化的定制与推送服务："主要是基于 RSS 技术的信息定制与推送方式，将图书馆的最新动态、电子资源的增减、服务内容的调整、服务方式的变化、用户的借阅情况和预约情况定期实时向用户推送，结合 RFID 技术下建立的用户分析模型，根据用户阅读偏好、阅读习惯、阅读行为以及通过智能搜索系统获取到的用户检索条件和需求分析，建立用户基本信息数据库、用户需求管理数据库、信息资源数据库和个性化数据库，将最符合用户信息需求特征的信息资源定期实时主动向用户推送"。

2. 个性化移动图书馆服务

主要是基于位置和情境的移动信息服务，同时也包括移动个人图书馆服务。例如 SoLoMo 移动图书馆便是利用移动终端设备，基于用户地理位置并结合社交网络(SNS)特点向用户提供信息服务的一种移动服务。SoLoMo应用最大的特点是它是通过用户情境信息的匹配,以此获得资源与用户需求兴趣的聚类参数,反过来应用于资源和服务发现与推荐,而不是直接满足用户的信息需求,在社交越是充分的条件下,获取的用户情境信息就越多,就越能体现服务的个性化。用户自发建立交流空间,支持用户在空间中的各类相关活动,实现图书馆虚拟空间和实体空间的立体互联和高效融合。

此外高校图书馆的个性开放还应体现在图书馆建筑与环境设计的人文化、艺术化,体现在图书馆家具设施布局的舒适化和人性化,体现在图书馆空间的开放性和设计的个性化。高校图书馆的个性开放服务应该是融合在图书馆空间与服务中的每一个细微之处,让用户体验到真正舒适的、个性的、贴合他们需求的智慧服务。

四、技术创新与服务创新的关系

现代信息技术的发展为高校图书馆的创新活动提供了巨大的推动力,技术在服务创新活动中发挥着越来越重要的作用,所以很多人在进行服务创新研究中过度关注"技术要素",而忽略了那些非技术性创新。前面在谈到服务创新的多样性时提到过,服务创新中不仅包括技术创新,非技术创新也是一个更为重要的因素。服务创新的类型不仅包括产品创新、过程创新、市场创新和组织创新,还包括"专门创新""传递创新""形式化创新"和"社会创新"等形式。对于高校图书馆来说,服务理念的创新、人力资源管理的创新等都属于非技术创新的范畴,这些非技术创新是高校图书馆作为"服务性机构"本身所具有的特征的体现。下面将从技术与服务的关系的探讨中分析技术创新与服务创新的关系。

(一)技术与服务的关系

早期很多学者在探讨技术与服务的关系时只考虑技术对服务单向影响,很少有服务对技术的影响的研究。但随着现代信息技术在服务活动中广泛应用,由技术引发大量的创新活动,这就使得技术与服务呈现出相互融合、相互促进的趋势。Johan Hauknes针对技术与服务的关系做了较为深入的研究,提出了一组存在于技术和服务间交互作用的渠道,主要内容如下:

1. 替代

顾客运用技术设备替代以前由服务人员提供的服务。在这种关系中,服务提供者为顾客提供标准化或自动化的服务,它将以前顾客和服务提供者间的相互作用变成了顾客与技术间的交互作用。Miles 认为这种通过技术对服务的"替代"而对外部顾客进行的服务提供是"传递创新"的一个例子,因为这种"替代"关系改变了服务被传递的方式。比如传统图书馆为读者提供信息服务,主要体现在馆藏文献的借阅上。而在网络化条件下,文献的借阅主要由计算机流通管理系统或读者在自己的终端上自动完成。

2. 定义

定义关系是指当某种新的技术出现时,它就为那些以新技术为基础或由新技术创造的服务提供了出现和发展的可能性。换句话说,新技术"定义"了新服务,因此可以将技术和服务看作是本质上相同的事物。

3. 决定

技术与服务间的"决定"关系是指,技术创新对新服务的出现或对现有服务功能的改变具有决定性作用。还有一层含义是指,新技术的引入会使现有服务发生很大变化,或者说它"重塑"了现有服务。比如说"数字参考咨询"和"合作式网络参考咨询"的出现是图书馆传统的参考咨询服务在服务范围、服务手段和服务内容有了很大的变化。

4. 传播

技术与服务相互作用的第四个渠道是服务对技术及创新的传播与扩散。服务在技术创新和组织创新的传播和扩散中扮演着相当重要的角色。比如先进的网络技术和存储技术通过在图书馆馆藏数字化及信息传递过程中的运用得到了广泛的传播。

5. 生产

技术与服务间相互作用的第五种渠道是服务企业自己进行技术的开发,或在客户企业中激发技术创新的出现,即服务企业自己"生产"技术。此外,作为特定技术的用户和推动者,服务企业对技术供应商的技术发展也有相当大的影响。例如图书馆自动化管理系统的出现就是在图书馆的需要和影响下出现并得到发展的。

从以上对技术和服务相互作用的几种渠道可以看出,服务并不是技术的消极采纳者,而是积极的推动者,同时技术和服务间是相互作用和影响的。

(二)技术创新与服务创新的关系

结合上面对技术和服务关系的分析,我们可以从以下几个方面来理解技术创新与服务创新的关系。首先,从高校图书馆服务创新的基本模型来看,技术创新只是整个服务创新活动中的一个要素,或者说技术创新是服务创新的一个方面,是包含在服务创新中的,除了技术创新之外还有其他几个非技术要素的创新。其次,技术创新在服务创新中所起的重要作用是毋庸置疑的。高校图书馆通过引入先进的技术,丰富了服务内容,改进了服务手段,深化了服务水平,使整体服务质量得到了很大的提高。技术创新也是服务创新的一项重要保障。再次,服务创新对于技术创新也有推动作用。一方面,因为技术创新正在向用户导向型发展,技术提供商要充分考虑高校图书馆在服务中的需求和遇到的技术问题,与高校图书馆建立密切的关系,在此基础上不断进行技术创新,以满足高校图书馆服务创新活动的需要;另一方面,高校图书馆本身对新技术的利用以及自身对技术的开发也使得新技术在高校图书馆得到了广泛的传播。从以上分析可以看出,技术创新和服务创新不是两种孤立的创新,两者之间是相互融合,相互促进的。

五、服务创新过程中技术与人文的结合

(一)图书馆人文精神的内涵

图书馆具有源远流长的人文传统。阮冈纲赞的《图书馆学五法则》中的前四条,可以说是对这种人文精神的最简洁、最深刻的概括:"书是为了使用的",阐明了图书馆的主要职能不是收藏、保存图书,而是使图书得到充分的利用;"书是供所有人使用的",指明图书馆的大门应该向一切人开放;"为每本书找到它的读者",强调要提高图书馆向读书揭示馆藏的能力;"节省读者的时间",要求图书馆在各个环节都要考虑方便读者。20世纪特别是改革开放以来,我国图书馆界开始注重对图书馆人文精神的研究。蒋永福先生于在《图书馆学也是一种人学——图书馆哲学思考之三》一文中最早提出"人文图书馆学"的名称。他说:"这种理论的特点就在于:"它以人——用户为出发点,以探索一种崭新的人——用户利用文献信息的心理机制与社会机制为核心内容"。我把这种理论称之为'人本主义图书馆学'或称'人文图书馆学'"。当代许多图书馆学者对图书馆的人文精神也有各自的表述。徐引篪和霍国庆先生的《现代图书馆理论》一书认为:"图书馆学是一门研究人的学问,它的最终和最高目标是为人的全面发展服务。"蒋永福先生根据CS理论——客户满意理论(该理论把客户满意分为理念层、行为层和视觉层三个层面),把图书馆人文精神的内涵也分为理念层、行为层和视觉层三个层面。图书馆人文精神的理念层主要表现在公益性的人文性质、服务性的人文功能、读者满意

的人文目标;行为层主要表现在服务过程中的开放性原则、自由与平等原则和助人原则;视觉层主要体现在建筑的便利与意蕴、设施的秩序与整洁、色彩的典型与柔和、馆员的微笑与礼节。无论是传统图书馆和数字图书馆都离不开人文建设,都需要讲究人文精神。

(二)图书馆人文精神的缺失

由于信息技术的飞速发展,图书馆正处于由自动化迈向数字化网络化图书馆的新阶段。现代信息技术应用于图书馆,占用了大部分的经费,而人力资源、读者主体地位被掩盖;受市场经济的影响,图书馆开展"有偿服务"成为潮流,体现人文关怀和人文援助的公益性原则不断变化;图书馆各项规章制度中禁忌多于诱导,惩罚多于教育,各图书馆特色逐渐消失;更多地谈论网络,关注技术因素,如刷卡机、闭路监控、门禁系统等,对人的关心的因素在减少;"技术就是前途"似乎是现代图书馆发展的理念。令我们不得不担心,数字化时代对于科学技术和实用理性的过分热切会不会使图书馆的发展走向另一个误区,我们在一心一意要赶上潮流的同时,会不会将最珍贵的人文精神牺牲,正如技术悲观主义者认为技术的魅力掩盖了人的主体地位。肖希明先生描述了近年来图书馆信息网络技术的广泛应用和人文精神普遍缺失这种极不协调的现象:计算机图书流通系统功能先进,藏书却没有完全向读者开架借阅;工作人员操作电脑十分娴熟,而对读者却冷若冰霜;计算机管理系统不断升级换代,而文献的利用率却并未上升;图书馆为提高现代化技术设备的档次殚精竭虑,而对如何满足读者最基本的需求却表现冷漠,以致在书库找不到几本新书。如此矛盾的现象实质上反映了图书馆科学精神和人文精神的失衡和分离。

(三)科学精神与人文精神的结合

"技术至少有两个维度,一个是科学的维度,另一个是人文的维度"。技术原本是体现人文精神的,然而技术的僭越和技术理性的恶性膨胀使二者渐渐背离。只有把技术理性与人文精神结合起来,在技术情结中注入人文内涵,才能使技术的发展更好地满足人的需求,真正体现人的价值。美国图书馆学家巴特勒认为:"图书馆作为一个'专业'和其他任何一个专业一样,有技术、科学、人文学这三个层面。以往的图书馆学过分强调了技术的层面,而忽视了科学和人文学的层面"。科学精神和人文精神都是人类精神必不可少的组成部分。对图书馆来说,科学精神就是崇尚科学,尊重科学,积极研究并利用各种先进的技术设备与手段来提高图书馆的工作效率。而人文精神则是在图书馆工作实践和理论研究中体现以人为本的思想,以满足人的需求,实现人的价值,追求人的发展,体现人文关怀。科学精神与人文精神的融通与共建,对当今图书馆发展无疑具有重要的现实意义。本来,图书馆的科学精神与人文精神就是统一的,不可分割的。因为科学技术归根结底是为人类服务的。先进的信息技术改变了信息加工、存储、传递的方式,最终目的是使人类更加广泛、方便、快捷地获取信息,以满足人们的信息需求。二者不可分离,没有科学精神的图书馆,是一种没有生机的、落后的图书馆精神;而缺乏人文精神的图书馆,则是少了人情味的冰冷的图书馆。以弘扬人文精神的人文图书馆学,将引导人们走出技术传统的误区,走向科学精神与人文精神的结合。两种精神结合在一起,图书馆才能健康地向前发展。

第四节　高校图书馆信息服务创新的原则

一、馆藏结构优化原则

高校图书馆信息服务工作人员在研究、探索高校图书馆信息服务创新的过程中大多忽略了藏书的重要性。信息服务工作者认为,藏书质量的好坏、品味的高低与高校图书馆信息服务创新工作没有必然的联系。殊不知,高质量、高品位的藏书是高校图书馆信息服务创新不可或缺的充要条件。众所周知,当一个人拥有广博的知识,其思维及创造性就会十分活跃,灵敏度高。反之,当人的知识欠缺时,思维及创造能力也只能是无本之木。所以说,高校图书馆文献资源质量的高低直接决定着信息服务创新能否顺利进行。这就要求,高校图书馆文献资源建设时要重视质量,纳入精品。与此同时,高校图书馆信息服务工作人员要针对信息用户的不同需求,将能够激发创新能力的高质量文献及时纳入馆藏,从而使信息用户取长补短,逐步完善智能结构,激发创作灵感,发展创造潜力。

二、可持续发展原则

可持续发展是指既要考虑当前发展需要,又要考虑未来的发展需要。将可持续发展原则应用到信息服务创新工作中,可以理解为高校图书馆信息服务创新不仅要关注现在还要将过去、当前和未来联系到一起,结合到一起。也就是说,要将部分和整体相结合,将目前和今后相结合。随着知识经济的到来和不断发展,信息技术、信息资源环境也随之变化。信息用户需求呈逐年增长的趋势,高校图书馆信息服务事业发展促使图书馆信息服务要跟上信息时代的发展步伐,不断推陈出新。总而言之,信息服务创新不是单一的、某一方面的创新,它是一个系统。系统的创新不是一朝一夕就能实现的,这是一个漫长的过程,因而,高校图书馆信息服务创新要始终不移的坚持可持续发展原则。

三、适用性原则

适用性原则又可以表达为一致性原则,是指高校图书馆信息服务创新所产生的新型服务必须与信息用户的信息需求相一致,换句话说,创新型的信息服务必须符合用户需求。创新信息服务的最终目的是给信息用户提供更全面、快捷、方便的服务,让用户真正感受到新型信息服务的优越性。因此,信息服务的创新就必须以用户的需求为根本出发点,为信息用户解决棘手的信息问题。假若新型的信息服务并不能使用户感受到它的优越性,那么即使这种创新型服务再先进,也是毫无用处的。

四、协调性原则

创新是系统内各个相关因素相互作用的结果,它包括观念创新、服务创新、技术创新、人员素质创新和管理体制创新等。各个要素是相辅相成的,共同发展的,因此,要坚持协调性原则。现代图书馆的信息服务与传统图书馆的信息服务在信息资源形式、信息服务形式和服务对象等几个方面都发生了根本性的变化,比原来服务环境更加复杂,系统内的任何一个创新要素都是不可缺少的,所以,要全面性地考虑各个方面,不能顾此失彼,要充分协调好各个环节和要素的关系,发挥系统功能的优势。协调性原则还体现为积极发展网络信息服务时,要兼顾传统信息服务的拓展,使二者协同发展。

五、效益性原则

图书馆信息服务的效益体现为广泛的社会效益和一定的经济效益。图书馆服务是一项公益性事业,因此,以社会效益为主,并通过自身服务能力来体现。创新就是要提高其信息、服务能力,提高社会效益,但由于技术的改善,数字化资源的购进,参考咨询服务系统的建立、网络资源的维护和更新等都需要一定的经费来维持。而目前高校图书馆还是靠学校拨款,资金有限,所以,在服务创新过程中要考虑成本问题,力争低成本高收益,在成本和效益之间寻找新的平衡点,使新的信息服务不仅适用,而更实用。

六、满意原则

信息服务是信息机构按一定方式提供信息的过程,是以信息为内容的服务业务,其对象是信息用户即信息需求者。如前所述,满足用户提出的信息需求只是信息服务的中间目标,而满足用户解决其所面临问题的需求才是最终目标。读者是否满意及其程度如何,是衡量图书馆服务质量的最终标准。满意原则是图书馆服务诸原则中的核心原则。

美国宾夕法尼亚州立大学的安达利(Andaleeb)和西蒙兹(Simmonds)提出了测度读者满意度的五个命题:感受到的图书馆资源质量越高,读者满意度就越高;图书馆工作人员反应性越强,读者满意度就越高;感受到的图书馆工作人员能力越强,读者满意度就越高;图书馆工作人员道德行为越积极,读者满意度就越高;感受到的图书馆设施越好,读者满意度就越高。

读者对图书馆服务是否满意,这又属于读者的主体评价范畴,即属于读者(主体)对图书馆(客体)所做的评价范畴。有学者认为,读者的主体地位一般表现在三个方面:"一是读者对文献,即文献是否符合读者需要,必须由读者做出判断;二是读者对图书馆员,即图书馆员的服务态度、服务能力、服务效果必须由读者进行鉴定;三是读者对图书馆工作,即图书馆的各项业务建设、制度规章、服务项目及设施是否反映读者利益与要求,必须由读者加以评价"。关注并满足个别读者的个别需求,也是图书馆贴近读者、使读者满意的有效形式。如在日本,许多图书馆提供有"个人研究室""小组学习室"之类的场所,这种场所可容纳几个人至十几个人,使用这些场所是免费的。

第五节　客户关系管理理论在高校图书馆的应用

一、客户关系管理(CRM)的概念

客户关系管理最早起源于美国,由美国著名的 IT 咨询公司 Gaetnet Group 提出。Cartner Croup 认为:客户关系管理是为企业提供全方位的客户的视角,赋予企业更完善的客户交流能力,最大化客户的收益率的方法。(笔者认为 CRM 应该有更广泛意义上的定义,其外延应该是组织,而不是仅仅指企业之中。)简单地说,CRM 是一种向客户提供优良的服务品质的做法,它从一个更加全面的角度来审视客户,赋予组织更完善的客户交流能力,其目的是更有效率地获取、开发并留住组织最重要的资源——用户(客户)。在和客户接触的过程中,针对个别的差异提供与需求一致的服务计划。它是多种资讯科技的结合,是一个搜集、分析资料,获取知识,而且不断重复、持续改善的过程,帮助组织更有效率地提供满足客户需求的产品和服务。

客户关系管理包括的主要内容有:

1. 分析客户

主要回答谁是顾客、顾客类型、不同需求特征和购买行为。

2. 客户档案管理

明确客户档案的基本内容,并根据客户具体情况分类建档。

3. 对客户的承诺

明确企业提供什么样的产品和服务,并根据客户需要提出承诺,一旦承诺就应履行。

4. 客户沟通与交流

即企业、客户双方的互相联系、互相影响,保持与客户的关系。

5. 客户服务与教育

了解客户需求,制订完整的客户服务计划,提供高质量的服务。开展客户教育,使客户了解企业承诺,掌握产品和服务涉及的有关知识和使用技能。

6. 开展与客户合作

通过开展合作,充分开发和利用客户资源,提供适应客户需要的产品和服务。

二、高校图书馆引入客户关系管理的必要性与可行性

将客户关系管理的观点与理念引入高校图书馆服务中来,相对应为用户(读者)关系管理。高校图书馆通过用户关系管理的实施,完善满足读者需求的组织形式,规范以读者服务为核心的工作流程,建立读者驱动的服务体系。

1. 高校图书馆实施 CRM 的必要性

客户关系管理的"以客户为中心"的理念与图书馆"以用户为中心""以读者为中心"的观念有着相同的出发点。而客户关系管理在经营管理理念、实施方法和应用软件系统等方面更为系统化,为实现"以客户为中心"提供一套完整的解决方案。我们将客户关系管理的理念和方法引入高校图书馆,是实现图书馆管理向"以用户为中心"模式转变的有力措施。

(1)符合高校图书馆实现"以用户为中心"的模式转变的要求:

客户关系管理是"以客户为中心"的经营策略。借鉴 CRM 识别、挑选、获取、发展和保持客户的商业模式,可以在图书馆管理和服务的各方面,真正做到以用户为核心,从而实现以用户为中心来构架组织机构,建立对用户需求的快速反应机制,规范以用户为核心的业务流程,提供以用户为驱动的产品和服务,让用户真正获得"核心"和"上帝"的感觉,进而培养客户的品牌忠诚度。

(2)符合用户的个性化信息服务的需求:

客户关系管理将用户的信息进行全面管理,在用户信息基础上,运用数据仓库和数据挖掘技术对用户兴趣和喜好进行分析和推测,从而针对用户的不同需求提供个性化的服务,开展主动服务。

(3)符合图书馆持续发展的要求:

在网络环境下,图书馆面临着严峻的挑战。搜索引擎、专业咨询公司等正在与图书馆争夺用户,图书馆在用户信息获取中的地位和作用正在被削弱,甚至有人预测随着无纸化社会的来临图书馆将走向消亡。运用 CRM 图书馆可以赢得、发展、保持有价值的用户,提高用户满意度,从而使图书馆也可以争取更多的投入,并提高工作效率、社会效益和经济效益。不断保持和日益发展的用户支持,也保障了图书馆在日益激烈的竞争中站稳脚跟,稳步发展。

2. 高校图书馆实施 CRM 的可行性

在企业界 CRM 的产生有三个重要条件,即需求的拉动、技术的推动和管理理念的更新。在当今图书馆界同样也具备这三个条件。

（1）在激烈竞争环境中，图书馆面临着如何吸引和保留用户的难题（高校图书馆目前这种情况不太明显，但发展趋势如此）："图书馆希望提高信息服务和信息组织的自动化和科学化，也希望解决用户信息数据缺陷，加强与用户的交流，提高用户的满意度和忠诚度的问题，也就是说存在对 CRM 的需求"。

（2）现代信息技术的发展，推动了 CRM 在图书馆的应用："图书馆办公自动化程度的提高，图书馆员计算机应用能力的提高以及信息化水平和管理水平的提高，都有利于 CRM 的实现"。

（3）在管理理念上，图书馆界不断引入企业界的全面质量管理、定标比超等最新管理理念，在实际操作中也借鉴了企业识别、顾客满意度等企业管理的工具和方法，对于用户在图书馆发展中的地位和作用也有了全新的理解，"以用户为中心"的观念日渐深入人心。

三、客户关系管理在高校图书馆中的实施

CRM 系统是一个庞大、完整的信息管理系统，它的成功实施涉及图书馆内部多种资源的整合。同时，由于 CRM 系统是以信息电子化为基础的，所以也要求图书馆必须有相应的信息、发展战略与之相配套。综合考虑这些因素，高校图书馆 CRM 的实施应从以下几个方面着手：

1. 建立有效的用户信息系统

用户信息系统为用户资源管理提供最基础的信息，为图书馆的服务策略提供原始数据，也是用户资源管理系统中重要的组成部分。

用户信息一般包括：读者原始记录。具体包括：读者姓名、地址、邮政编码、联系方式、本人学历、统计分析资料等。这些有关读者的基础性资料，往往是图书馆获得的第一手资料，图书馆通过对读者调查分析后形成的第二手资料，包括读者对图书馆的态度和评价、存在的问题、摩擦、特殊需求、图书馆与读者进行联系的时间、方式、特殊服务和活动（如讲座、展览）的记录，甚至包括为争取每个读者和用户所做的其他努力等。

经过对现有用户数据的分析、整理、整合及对每一类细分用户群信息的具体分析，制定不同的服务策略。基本上可以做到识别每一个具体用户，可以找到多个方面相同或相似的用户群体以及各类读者的不同需求特征和阅读行为，提供有针对性的产品和服务，提高不同用户的满意度。

2.注意组织与业务流程的再造

现代信息技术、多媒体技术和通信技术在图书馆的广泛应用,给传统图书馆工作的组织与管理机制带来了挑战。传统的管理模式与服务方式已不适应新的信息服务环境,图书馆应借鉴企业的业务流程重组的思想,重新思考设计业务流程,整合内部资源,建立功能完整、交流通畅、运行有效的职能机构;以挖掘和满足用户需求为中心,实现基于用户交互系统的业务流程再造,统一用户联系渠道,针对用户需求及时进行产品和服务的创新。

3.培养和选择核心用户

实施客户关系管理,要求图书馆识别用户,对用户进行差异化分析,区分重点用户群,将资源集中在核心用户上,并针对他们的需求设计产品和服务,通过提供适应用户需求的产品和超过用户期望的服务,与用户建立长期良好的合作关系。这里强调对用户的区别服务并不是任何意义上的歧视,其服务的区别在于服务层次、服务深度以及服务的主动性,与服务态度无关。

4.分析结果的应用

用分析得出的结论来指导高校图书馆的各项工作,包括图书馆的管理、对读者的服务、高校图书馆的行销工作等,当然最根本的还是指导高校图书馆的服务。

5.提高人力资源素质

有效的客户关系管理需要图书馆全员参与,需要提高全体员工与用户真诚相对和服务用户的能力。客户关系管理过程也是员工素质提高的过程,员工素质的提高又能进一步提高客户关系管理的水平。员工的这种素质是和员工的价值观念、服务理念、服务技能密切相关的。图书馆内部打破各部门的界限,使各部门能以团队的形式对读者的需求更快地做出回应,协调一致地为读者服务。

以上 CRM 在的实施过程,我们可以借鉴学者王春花在《客户关系管理在图书馆信息服务中的互动应用》中的数据处理过程图,比较清晰地描述高校图书馆客户关系管理系统。

可见,高校图书馆客户关系管理的过程也是高校图书馆获取读者需求、分析读者需求并满足读者需求的过程,这个过程不是单向的,中间有诸多的交互,特别是在获取需求信息中,高校图书馆与读者之间是双向互动的,正是这种双向互动使得高校图书馆能够有针对性地为读者提供所需要的服务。

参考文献

[1]蔡莉静.图书馆信息服务[M].北京:海洋出版社,2009.

[2]蔡孟欣.图书馆 RFID 研究[M].北京:国家图书馆出版社,2010.

[3]陈进.大学图书馆服务体系建设[M].上海:上海交通大学出版社,2012.

[4]何静,刘海燕.信息检索与过滤中的信息需求表示方法[J].计算机工程与设计,2003,24(8):41-43.

[5]凌波.高校图书馆人性化服务的思考[J].文史博览(理论),2010(5):74-75.

[6]毛晓燕.大数据环境下图书馆信息服务走向分析[J].图书馆工作与研究,2014,1(3):72-75.

[7]皮维宁.高校图书馆社会化信息服务创新模式研究[D].重庆:重庆大学,2008.

[8]饶蕴.基于知识管理的图书馆创新服务[J].上海交通大学学报,2003(S1):280-282.

[9]宋玉真,孙来克.高校图书馆的技术创新与服务创新[J].医学信息学杂志,2006,27(3):210-211.

[10]滕莉莉.论高校图书馆服务创新[J].国网技术学院学报,2005,8(4):24-25.

[11]王明发,王淑芳.阮冈纳赞的图书馆学五定律与复合图书馆[J].前沿,2003(7):142-144.

[12]王超湘.现代图书馆理念论纲[M].北京:北京燕山出版社,2005.

[13]王晓文.社会网络环境下高校图书馆信息服务新趋势研究——基于高校图书馆用户信息行为变化的视角[J].大学图书情报学刊,2013,31(5):23-25.

[14] 新观点新学说学术沙龙. 数字时代图书馆的创新与共享[M]. 北京:中国科学技术出版社,2009.

[15] 徐艳. 浅谈 CRM 在图书馆管理中的价值依存与发展对策[J]. 科技信息,2008(29):294.

[16] 徐丽晓. 面向知识创新的高校图书馆知识服务体系构建研究[J]. 情报理论与实践,2010,33(1):85-88.

[17] 闫静波,李玉玲. 适应用户需求的图书馆知识服务[J]. 图书馆学研究,2010(11):68-71.

[18] 郑全太,于冬梅,彭妍. 高校图书馆为创新教育提供信息服务的内容和原则[J]. 图书情报道刊,2007,17(34):14-16.

[19] 张翠英. 竞争情报分析[M]. 北京:科学出版社,2008.

[20] 张永军. 试论高校图书馆数字资源整合与个性化信息检索服务[J]. 情报杂志,2006,25(8):127-129.